Marc Nussbaumer

Mutig glauben
in undurchsichtigen Zeiten

Stimmen zum Buch

Marc Nussbaumer nimmt die Leser auf eine kurzweilige Weise in die Situation im Galaterbrief hinein. Dabei schafft er es, die paulinischen Texte für heute höchst aktuell werden zu lassen. Damals wie heute gilt: »Das ABC der Guten Nachricht ist schlicht und weltbewegend zugleich.« Sie darf nicht aufs Spiel gesetzt werden. Eine wichtige und lohnenswerte Lektüre, die durch Videoclips und Reflexionsfragen noch einen originellen Mehrwert erhält.

Michael Girgis
Rektor IGW

Dieses Buch bietet einen erfrischenden und anschaulichen Zugang zum Galaterbrief, der neugierig macht auf mehr. So zum Beispiel die treffenden und manchmal auch überraschenden Stichworte als Kapitelüberschriften, die zum Weiterdenken anregen. Oder die filmischen Vertiefungen oder Erweiterungen, die alle meine Sinne angesprochen haben.

Brigitte Moser
Pfarrerin und Distriktvorsteherin
der EMK Schweiz

Es ist die Crux eines jeden biblischen Textes: Auf der einen Seite liegen die wertvollen Einsichten des Galaterbriefes, die das Potenzial enthalten, unser Leben von Zwängen zu befreien; auf der anderen Seite des garstigen Grabens – annähernd 2000 Jahre tief – befindet sich der moderne Mensch, dem sowohl die Auseinandersetzungen der Gemeinden in Galatien als auch die Denk- und Sprechweise des Paulus unverständlich ist.

Marc Nussbaumer gelingt es eindrücklich, die komplexen theologischen Gedanken des Galaterbriefes zu bündeln und in die Lebenswirklichkeit heutiger Menschen hinein zu übersetzen. Das Buch ist ein sowohl leidenschaftliches wie auch verständliches Plädoyer, durch den vertrauensvollen Glauben christliche Freiheit einzuüben – eine Freiheit, die dient und gleichwohl unabhängig bleibt von Forderungen – seien diese religiöser oder säkularer Natur.

Markus Giger
Pfarrer, Theologischer Leiter *streetchurch*,
Reformierte Kirche

Klar und anschaulich zeigt Marc Nussbaumer in diesem Buch Schritte zu einem vertrauenden Glauben, der sich an Jesus Christus orientiert. Vertrauender Glauben ermöglicht ein neues und befreites Leben, das nicht selbstbezogen ist. Gleichzeitig wurde mir Paulus zum Vorbild, wie er sich mit seiner ganzen Kraft und viel Emotionen für Menschen einsetzt, die diesen Glauben gefunden haben, und sie ermutigt, ihren eigenen Weg zu gehen und sich nicht mit anderen zu vergleichen.

Christina Bachmann-Roth
Präsidentin der Partei *Die Mitte Frauen Schweiz*, Unternehmerin, Betriebsökonomin

Danke

Wo immer ihr heute lebt auf der Welt, danke euch allen, die ihr bewusst und unbewusst zu diesem Buch- und Videoprojekt beigetragen habt! Danke, dass ihr euch mit euren Glaubenserfahrungen engagiert – mutig und skeptisch, fröhlich und traurig, suchend und fragend, enttäuscht und begeistert, innerhalb und außerhalb christlicher Kreise.

Besonders danke ich Annarös, mit der ich nun schon 40 Jahre gemeinsam unterwegs bin. Du hast mich stets in entscheidenden Momenten für den nächsten nötigen Schritt ermutigt. Auch unsere Kinder, mit ihren Familien und Freunden, meine Geschwister und weitere Menschen in meiner Verwandtschaft haben mir für dieses Projekt wichtige Impulse gegeben. Herzlichen Dank auch euch! Ihr habt mich mit euren Lebenserfahrungen und mit dem, was euch am Herzen liegt, immer wieder für die wirklich wichtigen Themen als Christ und für glaubwürdige Formen von Kirche sensibilisiert.

Dieses Buch ist auch als E-Book erhältlich:
ISBN 978-3-943362-77-0

Die Deutsche Bibliothek verzeichnet diese
Publikation in der Deutschen Nationalbibliografie;
detaillierte bibliografische Daten sind im
Internet über www.d-nb.de abrufbar

Bibelstellen werden zitiert aus:

Gute Nachricht Bibel 2000, durchgesehene
Ausgabe in neuer Rechtschreibung
© Deutsche Bibelgesellschaft, Stuttgart

Lektorat und Korrektorat: Claudia Nickel, Siegen
Umschlaggestaltung: spoon design, Olaf Johannson
Umschlagabbildung: Sensay/Shutterstock.com
Erstellung Videoclips: Marc Nussbaumer
Satz und Herstellung: Edition Wortschatz,
Sauerbruchstraße 16, D-27478 Cuxhaven

© 2022 Marc Nussbaumer

ISBN 978-3-943362-76-3, Bestell-Nummer 588 976

Nachdruck und Vervielfältigung, auch
auszugsweise, nur mit Genehmigung des Autors

www.edition-wortschatz.de

Marc Nussbaumer

Mutig glauben
in undurchsichtigen Zeiten

Ein Fall für Paulus

EDITION WORTSCHATZ

Inhalt

Vorwort 11

   I *verwundert* 15

  II *unnachgiebig* 31

 III *mutig* 43

 IV *sorgenvoll* 55

   V *ratlos* 69

 VI *weise* 77

 VII *nachdrücklich* 85

VIII *zuversichtlich* 97

 IX *unermüdlich* 113

Nachwort 129

Zu den Videoclips 131

Zum Autor 133

Vorwort

Dieses Gespräch vor 25 Jahren habe ich nicht mehr vergessen. Es war auf dem Campingplatz an der Westküste Frankreichs. Nachdem wir unser Familienzelt aufgestellt hatten, war Zeit, um mit dem Nachbarn auf dem Platz neben uns ein erstes Gespräch zu führen. Small Talk auf dem Campingplatz eben. Woher kommen Sie? Schon öfters hier gewesen? Weitere Reisepläne? Wetteraussichten? usw.

Als er mich nach meiner beruflichen Tätigkeit fragte, sagte ich ihm, dass ich als Pfarrer tätig sei. Er gehe schon lange nicht mehr in eine Kirche für einen Gottesdienst, meinte er, aber er gehe sehr gerne in Kirchenkonzerte, vor allem, wenn die großen christlichen Oratorien aufgeführt werden. Das erfülle ihn mit Ehrfurcht und bewege ihn, sowohl von der musikalischen als auch von der inhaltlichen Seite her. Er habe schon immer viel gelesen über alle großen Weltreligionen. Dabei sei ihm deutlich geworden, dass es im christlichen Glauben zwei Themen gehe, die er in allen anderen Weltreligionen so nicht gefunden habe.

Ich war neugierig und gespannt, was er als die zwei Themen nennen würde. Was ihm exklusiv im christlichen Glauben zentral aufgefallen sei, waren die Person Jesus Christus und das Konzept der Gnade, wie er es nannte. Wenn er in einen Gottesdienst gehe, dann erwarte er deshalb, dass es um diese zwei Themen gehe, fügte er noch an. Für alle anderen Themen müsse er nicht in die Kirche gehen, die könne er gut außerhalb der Kirche finden, meist eh kompetenter thematisiert als in den Kirchen.

Paulus hätte seine helle Freude gehabt, wäre er bei diesem Gespräch dabei gewesen. Darum ging es ihm ja, wenn er Menschen außerhalb der jüdischen Glaubensprägung aufsuchte: Dass sie Jesus Christus und Gnade entdecken konnten. Dass sie davon aber nur so hören, wie man oft Nachrichten hört, das war Paulus zu wenig. Sie sollten schon davon erfasst und verwandelt werden, so wie er es selbst erlebt hatte. Was ihm widerfahren war, war kein Vergleich mehr zum religiösen Leben vorher.

Die Person Jesus Christus und das Konzept der Gnade – auch für Paulus bekamen diese zwei Themen zentrale Bedeutung. Wer im Neuen Testament den Spuren von Paulus folgt, wird diesen beiden Themen überall begegnen. Ein drittes kommt für ihn noch dazu. Aber davon später.

Durch Jesus Christus hatte Paulus eine neue Wirklichkeit für sein Leben und seinen Glauben erfahren. Bisher prägten religiöse Regeln, göttliche Gebote und Verbote seinen Glauben. Es war oft ein eher gnadenloses Leben. Gnade, mit ihren vielen Facetten und Aspekten, eröffnete einen ganz neuen Weg. Dieser ganz andere Glaube konnte darum nicht einfach die Privatsache von Paulus bleiben. Diesen Glauben musste und wollte Paulus auch anderen Menschen ermöglichen.

Paulus war der erste christliche Theologe, der die Botschaft von Jesus Christus zu nichtjüdischen Völkern brachte. Bevor er eine Erscheinung von Christus hatte, die bei ihm eine radikale Umkehr auslöste, verfolgte er die Christen aufs Schärfste, war er doch von einem an Regeln und Gesetz orientiertem Glauben überzeugt.

Jener Nachbar auf dem Campingplatz hatte einen guten Teil von dem, was den Kern des Evangeliums ausmacht, gefunden. Leider wird in Kirchen dieser Kern immer wieder durch andere Themen verdeckt, verschüttet und sogar verdrängt. Kein Wunder, wenden sich Menschen ab von Kirchen und Gottesdiensten, wenn sie dort nicht den Kern des Evangeliums erkennen und erleben können.

> *Das Wort **Evangelium** kommt vom griechischen Wort euangelion und bedeutet »Gute Nachricht«.*

Schon in der ersten Generation der Christen drohte die Gefahr, dass der Kern der Guten Nachricht durch andere Themen verdrängt wurde, ja noch schlimmer, dass er gar durch etwas Anderes ersetzt zu werden drohte. Das konnte Paulus nicht nur aus der Ferne beobachten und gelassen zur Kenntnis nehmen. Allenfalls nur den Kopf darüber schütteln und sich abwenden war zu wenig. Das musste für Paulus ein Fall werden, der seine ganze Aufmerksamkeit verlangte. Zuviel stand auf dem Spiel.

I

verwundert

Ich wundere mich über euch!
Galaterbrief 1,6

Paulus wurde überrascht von dem, was er aus der Region Galatien zu hören bekam. Unter den Christen waren dort heftige Auseinandersetzungen aufgekommen. Am liebsten hätte sich Paulus sofort selbst aufgemacht nach Galatien, in die Region, die heute im Zentrum der Türkei liegt. Da ihm das nicht möglich war, schrieb er zunächst einen Brief, den Galaterbrief. Er kommt darin gleich nach den einleitenden Worten zur Sache:

Ich wundere mich über euch! Gott hat euch durch die Gute Nachricht dazu berufen, dass ihr unter der Gnade steht, die Christus gebracht hat. Und nun kehrt ihr ihm so schnell den Rücken und wendet euch einer anderen Guten Nachricht zu! Es gibt in Wirklichkeit gar keine andere …
(Galater 1,6–7)

Hier klingen sie wieder an, die beiden Themen, die damals im Gespräch auf dem Campingplatz im Mittelpunkt standen: das Konzept der Gnade und die Person Jesus Christus.

Die Christen in Galatien hätten Christus den Rücken gekehrt. So formuliert Paulus die dramatische Lage, die ihn zum Handeln bewegt hatte. Sie haben sich einer anderen Guten Nachricht zugewendet, schreibt Paulus, um gleich zu betonen, dass es in Wirklichkeit gar keine andere Gute Nachricht gibt. Er präzisiert:

… es gibt nur gewisse Leute, die unter euch Verwirrung stiften. (Galater 1,7)

Es gibt nicht verschiedene Gute Nachrichten. Es gibt nur die eine Gute Nachricht. Alles andere sind Leute, die Verwirrung stiften. Darum gilt es, die Verwirrung zu durchschauen, nicht die vermeintlich verschiedenen Guten Nachrichten besser zu verstehen und zu respektieren.

Was ist denn die eine Gute Nachricht, für die sich Paulus so engagiert einsetzt? Schon im einleitenden Gruß seines Briefes an die Galater beginnt er die Gute Nachricht zu formulieren:

> *Gnade und Frieden sei mit euch, von Gott unserem Vater, und von Jesus Christus, dem Herrn, der sein Leben für unsere Sünden hingegeben hat. Das tat er, um uns aus der gegenwärtigen Welt zu befreien, die vom Bösen beherrscht wird. So war es der Wille unseres Gottes und Vaters – ihm gehört die Herrlichkeit für alle Ewigkeit! Amen.* (Galater 1,3–5)

Die Gute Nachricht beginnt für Paulus mit dem Wunsch nach Gnade und Frieden. Das soll die Menschen als Erstes erreichen. Bis heute werden die gleichen Worte in der Kirche gesagt, oft in der Einleitung in einen Gottesdienst. Vielen Ohren sind diese Worte darum bis heute vertraut. Vielleicht weil sie so oft gehört werden, lassen sie viele noch nicht aufhorchen.

Bei der nächsten Aussage jedoch horchen die Ersten auf, weil sie Einwände haben gegen das, was er hier schreibt. Er formuliert einigen zu plakativ und zu radikal. Da können sie nicht zustimmen. Ist die gegenwärtige Welt wirklich vom Bösen beherrscht? Es gibt doch auch viel Schönes und Gutes in der Welt. Es wird zwar täglich von viel Bösem, das in der Welt geschieht, berichtet, aber ist deshalb die Welt gleich vom Bösen beherrscht?

Der springende Punkt ist hier nicht nur die Frage, wie dominant das Böse in der Welt ist, sondern auch die Frage: Warum aus der bösen Welt befreien? Warum nicht die Welt vom Bösen befreien? Warum verhindert Gott Böses nicht? Oder noch anders formuliert: Wie kann man in einer Welt, in der immer wieder so viel Böses geschieht und Macht hat, noch an einen allmächtigen und allgütigen Gott glauben? Es ist diese Frage, die die Leute bedrängt und sie gegenüber der anscheinend Guten Nachricht skeptisch werden lässt.

Paulus hat gute Gründe, warum er nicht sagt, dass Jesus Christus die gegenwärtige Welt vom Bösen befreit, sondern dass Jesus Christus die Menschen aus der gegenwärtigen Welt befreit.

Paulus weiß: Wer für alles Leid und alles Böse in der Welt die Verantwortung einfach auf Gott schiebt, der offensichtlich nicht so eingreift, wie manche es erwarten, findet keine befriedigende Antwort. Wenn Gott alleine verantwortlich wäre, dann wären wir Menschen ohne Verantwortung und nur noch Marionetten, die von Gott oder irgendwelchen Mächten gelenkt würden. Aber so ist Gott nicht, und so ist der Mensch nicht.

Darum wird beim Auftauchen dieser Fragen meist darauf hingewiesen, dass der Mensch einen freien Willen besitzt. Der Mensch kann Entscheidungen treffen und dadurch für das, was er tut oder nicht tut, Verantwortung übernehmen. Dabei zeigt sich, dass der Mensch in seinen Entscheidungen die Tendenz hat, auf sich selbst bezogen zu urteilen und zu handeln. Das führt immer wieder zu Leid und Not für andere und manchmal auch zu Not für sich selbst. Ganze Gesellschaften werden so von Selbstbezogenheit erfasst und gestaltet. Habgier, Ungerechtigkeit, ja ganze Kriege werden dadurch ausgelöst oder gar gerechtfertigt.

Für alles Leid und alles Böse in der Welt die Verantwortung auf den freien Willen des Menschen zu schieben, ist unbefriedigend.

So frei, wie viele Menschen gerne sein möchten, sind sie nicht. Menschen sind immer wieder gefangen in Zwängen, in Süchten, in Beziehungen, in Nöten, in Prägungen. Wir sehen, wie Menschen eingegrenzt und ausgegrenzt werden, immer wieder, überall.

Neue Fragen tauchen auf: Gibt es Möglichkeiten, da herauszukommen? Kann oder muss man sich selbst befreien? Was, wenn man es nicht schafft? Kann man befreit werden?

Paulus scheint davon etwas zu wissen, sonst würde er nicht schon in seinen einleitenden Worten davon schreiben. Er reiht sich damit in die Reihe der Menschen ein, die in der Bibel von ihren Erfahrungen mit Gott und den Menschen berichten.

Die biblischen Berichte erzählen von Gotteserfahrungen inmitten dieser ambivalenten Welt. Sie beschreiben, wie Menschen Gott als jemanden erlebten, der sich der Welt und den Menschen zuwendet, ja sogar als jemanden, der Ungerechtigkeit an sich geschehen lässt, Böses auf sich nimmt, Menschen vergibt und sie befreit aus zerstörenden Beziehungen. In der ganzen Bibel wird berichtet, wie Gott Menschen aus Krankheit, aus Not und aus Ausgrenzung herausgeführt hat. Gott wird beschrieben und erlebt als ein Gott, der sich auf die Welt einlässt, der die Menschen aufsucht. Er steuert das Geschehen nicht von außerhalb und zieht die Fäden. Er taucht inmitten des Geschehens auf und lässt darin Gottes Welt aufleuchten. Diese zuwendende Art, in der Gott erfahren wird, wird als »befreiende Gnade« erlebt.

Gleich zu Beginn seines Briefes an die Christen in Galatien streicht Paulus dies heraus, wenn er in seinen einleitenden Zeilen deutlich macht, dass Jesus Christus in diese Welt kam, um uns Menschen aus der Welt, die gegenwärtig vom Bösen beherrscht wird, zu befreien. Bemerkenswert ist dabei, dass Paulus gerade dies in Bezug zu Jesus Christus besonders hervorhebt. Sich für unsere Sünden hinzugeben, war für Jesus noch nicht das Ziel, sondern nur die Maßnahme, um ein anderes Ziel zu erreichen! Zu oft wurde und wird Sündenvergebung als das Ziel dargestellt. Das Ziel ist nicht Vergebung, sondern Befreiung!

Auf dem Weg zu dieser Befreiung braucht es Sündenvergebung, sonst bleiben wir in den Folgen von Sünden gefangen, sei es in den eigenen oder in den Sünden, die anderen angelastet werden müssen. Wo Sünden zuerst in ihrer Schwere und in ihrem Schmerz anerkannt werden, dann aber nicht mehr nachgetragen oder mitgetragen werden, da werden Sünden vergeben. So verlieren sie ihre Macht, Leben zu zerstören.

Darum geht es also: Dass Menschen aus den Nöten, Ausgrenzungen, Zwängen und zerstörerischen Prägungen befreit werden, in die sie in dieser Welt hineingeraten. Dazu hat Gott sich in Jesus auf die irdische Wirklichkeit eingelassen, hat Sünde auf sich genommen, damit ihre zerstörerische Kraft nicht weiterwirken kann.

Aber nur weil Gott sich so zugewandt verhält, entsteht noch nicht, sozusagen von allein, eine heile Welt. Das erkennt man leicht, wenn man sich ein wenig umhört und umsieht.

Dass diese Zuwendung Gottes in Christus von außen auf die Menschen zukommt, ist ein Teil des Geschehens. Wie Menschen auf diese Zuwendung reagieren, ist ein weiterer Teil. Paulus drückt es in Vers 6 so aus:

Gott hat euch durch die Gute Nachricht berufen, dass ihr unter der Gnade steht, die Christus gebracht hat. *(Galater 1,6)*

»Unter der Gnade stehen«, beschreibt Paulus als eine Berufung. Man kann offensichtlich auch unter etwas anderem stehen oder unter jemand anderem stehen. Man kann beispielsweise unter Leistungsdruck stehen oder unter einem Minderwertigkeitsgefühl, oder unter einer Person, die einen ausnützt, unterdrückt oder gar missbraucht. Berufen zu sein, »unter der Gnade zu stehen«, ist eine Aufforderung, sein Leben bewusst unter der Zuwendung Gottes zu gestalten.

Wer berufen wird zu etwas, dem wird eine Ehre zuteil. Man bekommt eine besondere Möglichkeit, seine Gaben und Fähigkeiten zu entfalten und deshalb erfüllt leben zu können.

Wer eine Berufung annimmt, kann sich in noch größerem Maße als bisher einbringen und mitwirken. Genau dieses Bild verwendet Paulus hier. Man mag bei einer Berufung respektvoll zögern. Aber wenn andere einem diese Aufgabe zutrauen, wer möchte dann nicht auf diese Berufung antworten und sich darauf einlassen?

Wenn Menschen sich auf die Lebensmöglichkeit, unter der Zuwendung Gottes zu leben, einlassen, entsteht eine neue Wirklichkeit. Die Haltung, die diese Wirklichkeit prägt, nennt Paulus »vertrauenden Glauben« (Galater 5,6).

Die Befreiung durch Christus und die Berufung, unter der Gnade zu stehen, sind der eine Teil des Geschehens, um den es Paulus geht. Der vertrauende Glaube, der diese Berufung annimmt und sich Christus zuwendet, ist der andere Teil.

Wo vertrauender Glaube gegenüber Gottes Zuwendung und gegenüber der Berufung »unter der Gnade zu leben« gewagt wird, da beginnt etwas ganz Neues. Eine Verwandlung setzt ein.

Es geht nicht um einen Glauben, der bestimmte Dinge für wahr hält, damit es der richtige Glaube ist. Nicht durch *richtigen* Glauben, sondern durch *vertrauenden* Glauben entsteht etwas Neues. Es wächst eine Beziehung, durch die Menschen befreit werden von dem, was sie in dieser Welt gefangen hält. Sie werden auch dazu befreit, in dieser Welt anders leben zu können als vorher. Ihr vertrauender Glaube wirkt sich in ihrem Verhalten aus. Und das allein zählt. Später in seinem Brief an die Galater wird Paulus das festhalten:

Es zählt allein der vertrauende Glaube, der sich in tätiger Liebe auswirkt. (Galater 5,6)

Paulus wundert sich darüber, dass die Christen in Galatien sich so schnell von anderen Leuten verwirren lassen. Das hätte er nicht erwartet. Darum hält er gleich im Einstieg seines Briefes an die Galater wesentliche Punkte fest:

Die gegenwärtige Welt wird vom Bösen beherrscht. Das zeigt sich daran, dass Menschen nicht frei sind, das Gute tun zu können.

Die Gute Nachricht für die Menschen zeigt sich in drei Aspekten:

- A – *CHRISTUS befreit gefangene und selbstbezogene Menschen*
- B – *Berufen unter der GNADE zu stehen*
- C – *Allein vertrauender GLAUBE wirkt und zählt*

Wer dieses »ABC« des christlichen Glaubens erfasst, der wird nicht so bleiben, wie er oder sie jetzt ist. Diese Verwandlung ist es, die alles ausmacht. Was für eine verheißungsvolle Perspektive. Wer möchte diese Möglichkeit nicht ergreifen? Verwundert muss Paulus feststellen, dass Leute daran sind, diesen neuen befreienden Weg zu verlassen. Wie kann es sein, dass die Christen in Galatien sich auf diesem neuen Weg so schnell und so leicht verwirren lassen? Was für Leute stecken hinter dieser Verwirrung?

Man glaubt es kaum, aber es geschieht immer wieder, dass Menschen diese neue Lebensmöglichkeit an sich vorbeiziehen lassen oder gar selbst aus der Hand geben. Leider beobachten wir das häufiger als uns lieb ist, gerade auch in christlichen Gemeinschaften und Kirchen. Menschen, die offen sind für Spiritualität und für Glaubenserfahrungen, sind offensichtlich auch anfällig dafür, dass andere Menschen sie verwirren. Dann kommt die Gute Nachricht an ihnen und durch sie nicht mehr zur Wirkung.

Zu erkennen, dass Menschen mit einer anscheinend anderen Guten Nachricht Verwirrung stiften, ist ein erster wichtiger Schritt. Dabei geht es aber nicht darum, dass man die Menschen, die diese Verwirrung stiften, attackiert, bekämpft oder gar eliminiert. Damit würde man gerade die Gute Nachricht, die man verteidigen will, nicht mehr verkörpern. Dennoch sind die Worte, die Paulus im Blick auf die Verwirrung stiftenden Menschen braucht, keineswegs zimperlich:

Es gibt nur gewisse Leute, die unter euch Verwirrung stiften. Sie wollen die Gute Nachricht von Christus in ihr Gegenteil verkehren. Aber nicht einmal ich selbst oder ein Engel vom Himmel darf euch eine Gute Nachricht bringen, die der widerspricht, die ich euch gebracht habe. Wer es tut, soll verflucht sein, dem Gericht Gottes übergeben! Ich habe es euch schon früher eingeschärft und wiederhole es jetzt: Wer euch eine andere

Gute Nachricht bringt als die, die ihr angenommen habt, soll verflucht sein, dem Gericht Gottes übergeben! (Galater 1,7–9)

Verflucht sein sollen sie. Das ist ein sehr vernichtendes Urteil. Da wird ein strikter Trennungsstrich gezogen. Aber obwohl dieses Urteil gefällt wird, führt das nicht dazu, dass an diesen Leuten selbst zerstörerisch gehandelt wird. Sie sollen dem Gericht Gottes übergeben werden. Sie sollen an die Instanz übergeben werden, die Menschen gerecht beurteilen und behandeln wird: Gott selbst.

Damit wird auch den Menschen, die auf der richtigen Seite glauben, eine Grenze gesetzt. Sie sollen nicht selbst an den anderen ein Urteil vollstrecken. Der Fokus soll sich nicht auf die Gegner verschieben. Paulus bleibt sich selbst gegenüber kritisch und stellt klar:

Will ich jetzt wieder Menschen beschwatzen – oder gar Gott selbst? Oder rede ich etwa Menschen nach dem Mund? Ich gehöre Christus und diene ihm – wie kann ich da noch den Beifall der Menschen suchen! (Galater 1,10)

Der Fokus bleibt auf Christus. Ihm will Paulus dienen. Er sucht nicht den Beifall der Menschen, er sucht nicht die Oberhand über Gegner. Er bleibt in der Verbindung mit Christus. In dieser Beziehung mit Christus lebt er. Aus dieser Beziehung mit Christus lebt er. Von ihm her und auf ihn hin orientiert er sich. Das bewahrt vor beidem, vor dem Fokus auf die Gegner und vor dem Fokus auf Beifall suchende Anerkennung.

Weil Paulus nicht auf die Gegner und nicht auf die eigene Anerkennung zielt, kann er sich mutig und klar mit den Inhalten auseinandersetzen, durch die Verwirrung gestiftet wird. Wie diese Verwirrung entsteht, wie sie oft sanft und leise Menschen verunsichert und wie man ihr nicht auf den Leim geht, das will Paulus im Galaterbrief eindrücklich aufzeigen. Dabei scheut er sich auch nicht, Konflikte auszulösen, denn es geht um viel. Er engagiert sich mit seiner ganzen Kraft. Es geht darum, dass die Gute Nachricht nicht geopfert wird, sondern geschützt und wiederentdeckt wird. Es geht darum, weiterhin mutig zu glauben, gerade in Zeiten, in denen man durch verwirrende Stimmen verunsichert wird.

VIDEOCLIP
zu diesem Kapitel

II

unnachgiebig

*Aber ich habe ihnen nicht einen
Augenblick nachgegeben.
Die Gute Nachricht sollte euch
unverfälscht erhalten bleiben!
Galaterbrief 2,5*

Es soll doch jeder nach seinen eigenen Façon selig werden«, so hört man Leute oft sagen. Diese Haltung zeigt Respekt und Achtung vor unterschiedlichen Glaubenshaltungen und Glaubensüberzeugungen. »Wenn es so für dich stimmt«, ist eine andere Formulierung, die eine ähnliche Haltung ausdrückt. Beide Haltungen betonen, dass es um die je eigene Façon gehen soll, wie und was man glauben will. Beide Haltungen haben die einzelne Person als ihren Ausgangs- und als Orientierungspunkt. Solchen Haltungen stellt Paulus eine andere gegenüber.

Er sieht große Gefahr, dass die Gute Nachricht verdreht wird. Dass die Gute Nachricht gerade nicht seine eigene Façon des Glaubens ist, bezeugt er durch eine Erfahrung, mit der er selbst gar nie gerechnet hat:

Das müsst ihr wissen, Brüder und Schwestern: Die Gute Nachricht, die ich verkünde, ist kein Menschenwort. Ich habe sie nicht von irgendeinem Menschen übernommen und bin auch von keinem Menschen darüber belehrt worden. Ich habe sie dadurch empfangen, dass Gott mich Jesus als den von ihm bestätigten Retter schauen ließ. (Galater 1,11-12)

Nicht von einem anderen Menschen übernommen, nicht zurechtgelegt, dass es für ihn stimmt, nicht nach der eigenen Logik gebildet. Gerade nicht. Er hatte eine Gotteserfahrung gemacht, die ihn gänzlich unerwartet traf, damals vor Damaskus. Das war ein übernatürliches Ereignis. Da hatte er etwas erlebt, das ihm seinen bisherigen

Weg verwehrte. Diese unerwartete Erfahrung hat ihn auf einen völlig neuen Weg gebracht. Er erinnert die Christen in Galatien daran:

> *Ihr habt doch gehört, wie entschieden ich früher für die jüdische Religion eingetreten bin. Über alles Maß hinaus verfolgte ich die Gemeinde Gottes und tat alles, um sie zu vernichten. In meiner Treue zum Gesetz übertraf ich viele meiner Altersgenossen in meinem Volk. Leidenschaftlicher als die anderen setzte ich mich für die Befolgung der strengen Vorschriften ein, die die früheren Gesetzeslehrer aufgestellt haben. Aber dann kam es ganz anders.*
>
> *Gott hatte mich ja schon vom Mutterleib an ausgesondert und in seiner Gnade berufen. Und so gefiel es ihm jetzt, mir seinen Sohn zu zeigen, damit ich ihn unter den nichtjüdischen Völkern bekannt mache. Als mir diese Offenbarung zuteilwurde, fragte ich nicht erst Menschen um Rat. Ich ging auch nicht nach Jerusalem zu denen, die schon vor mir Apostel waren, sondern begab mich nach Arabien und kehrte dann wieder nach Damaskus zurück.*
>
> *Erst drei Jahre später ging ich nach Jerusalem, um Petrus kennen zu lernen. Ich blieb zwei Wochen bei ihm. Von den anderen Aposteln sah*

ich damals keinen, nur Jakobus, den Bruder des Herrn. Was ich euch hier schreibe, ist die reine Wahrheit; Gott weiß es. Dann ging ich nach Syrien und Zilizien. Den christlichen Gemeinden in Judäa blieb ich persönlich unbekannt. Sie hatten nur gehört: »Der Mann, der uns verfolgte, verkündet jetzt den Glauben, den er früher ausrotten wollte!« Und sie dankten Gott dafür, dass er dies an mir bewirkt hatte.

(Galater 1,13–24)

Bemerkenswert wie Paulus beschreibt, was ihm alles widerfahren ist. Im Rückblick sieht er, dass nicht er selbst sich seinen Glauben über Gott entwickelt hat, sondern dass Gott angefangen hat, ihn, Paulus, zu entwickeln. Jesus Christus ist ihm eindrücklich begegnet, und Paulus lässt sich auf ihn ein. Er fragte nicht Menschen um Rat. Er ging nicht nach Jerusalem zu den führenden Personen der jungen christlichen Gemeinde. Er hielt sich drei Jahre in Arabien auf. Wir wissen nicht, was er dort gemacht hat. Als er wieder zurückkam, zuerst nach Damaskus, war sein Ziel ein anderes als vor drei Jahren. Er verkündete jetzt den Glauben, den er früher ausrotten wollte. Paulus wurde durch Christus ein anderer, ein neuer Mensch. Seinen Eifer behielt er, sein Temperament blieb ihm. Er wurde aber auf eine neue Lebensaufgabe ausgerichtet.

Das hat Paulus nicht selbst gewollt und angepackt, einfach weil in seinem Leben mal Zeit für eine Veränderung anstand. Das ist ihm unerwartet widerfahren. Das hat Gott an ihm bewirkt. Das war eine grundlegende Erfahrung, die ein neues Fundament in sein Leben legte.

Was Paulus erfahren hat, ist grundlegend für die Gute Nachricht: Menschen werden von Gott ergriffen, sie erleben Gott in einer Art und Weise, die für sie eine existentielle Verwandlung bewirkt. Darum wundert sich Paulus so sehr, als die Christen in Galatien sich durch Leute, die etwas anderes lehrten, verwirren ließen. Die Gute Nachricht ist nicht von Menschen erdacht, sie ist von Gott geoffenbart. Darum setzt sich Paulus so engagiert und mutig ein.

Noch einen zweiten grundlegenden Aspekt der Guten Nachricht hebt Paulus hervor. Die Gute Nachricht ist für alle Völker, nicht nur für das jüdische Volk. Paulus weiß sich klar berufen, den nicht-jüdischen Völkern Jesus Christus bekannt zu machen.

Dieser Schritt, den christlichen Glauben über die kulturelle Gruppe der Juden-Christen hinauszutragen, kann auf manche Menschen überheblich wirken. Gerade da, wo so ein Schritt imperialistisch, verbunden mit Macht und Eroberung, daherkam, wurde die Gute Nachricht verdreht, verschüttet und unerkennbar gemacht.

Da aber, wo Menschen in ihren Nöten, Zwängen, Ausgrenzungen und zerstörerischen Prägungen Gottes Zuwendung als Befreiung erlebten, wurde deutlich: Diese Gute Nachricht kann Menschen in kulturell sehr verschiedenen Kontexten zu tätiger Liebe befreien. Solche tätige Liebe reicht nicht nur bis zu Menschen aus der eigenen Kultur, sondern darüber hinaus.

Diese übergreifende Wirkung war der Tatbeweis für die Kraft der Guten Nachricht. Weil diese grundlegende Verwandlung für die unterschiedlichsten Menschen Wirklichkeit wurde, erkannten auch die leitenden Persönlichkeiten in der jüdisch-christlichen Kultur, dass die Gute Nachricht für alle Völker eine Tür öffnet. Vertrauender Glaube allein genügt, um sich dieser verwandelnden Kraft Gottes öffnen zu können. Es braucht keine anderen religiösen Vorschriften, auch nicht die Beschneidung der Knaben, die für jüdisch geprägte Christen klar zum Glauben dazu gehörten. Die Beschneidung war für sie das Zeichen dafür, dass man zu dem Volk gehörte, das Gott segnen will.

Paulus war klar geworden, dass dieses Zeichen bei Christen nicht kulturübergreifende Bedeutung haben konnte. Die verwandelnde Kraft des christlichen Glaubens zeigte sich nicht in solchen Zeichen. Tätige Liebe, nicht Beschneidung, ist das Zeichen. Das allein zählt. Da blieb er unnachgiebig.

Dass aufgrund dieser Erkenntnis eine Spannung mit den Christen, die aus dem jüdischen Hintergrund kamen, entstand, war offensichtlich. Paulus zögerte nicht, sich dieser Spannung zu stellen. Darum schreibt er auch den Christen in Galatien davon, wie er damit umging.

Erst vierzehn Jahre später ging ich wieder nach Jerusalem, diesmal mit Barnabas; auch Titus nahm ich mit. Ich ging aufgrund einer göttlichen Weisung und trug dort vor, was ich als Gute Nachricht bei den nichtjüdischen Völkern verkünde. Das tat ich vor der versammelten Gemeinde und auch noch in besonderen Zusammenkünften vor ihren maßgebenden Leuten. Denn ich war in Sorge, meine Missionsarbeit könnte nicht anerkannt werden und meine ganze Mühe vergeblich sein, die künftige wie die bishe-

> *rige. Aber nicht einmal mein Begleiter Titus, ein Grieche, wurde gezwungen, sich beschneiden zu lassen.* (Galater 2,1-3)

Obwohl er erleichtert sein konnte, wie er zusammen mit Barnabas und Titus in Jerusalem aufgenommen wurde, blieb er nicht davor verschont, die Gute Nachricht in ihrer Schlichtheit und in ihrer großen Wirkung zu verteidigen:

> *Es waren allerdings falsche Brüder eingedrungen, wie sie sich damals auch anderswo in den Gemeinden eingeschlichen hatten. Sie wollten sich zu Richtern über die Freiheit machen, die wir durch Jesus Christus haben, und uns wieder unter das Gesetz zwingen.*
>
> *Aber ich habe ihnen nicht einen Augenblick nachgegeben. Die Gute Nachricht sollte euch unverfälscht erhalten bleiben! Dagegen machten mir die maßgebenden Leute in der Gemeinde keinerlei Auflagen. – Was sie früher einmal waren, interessiert mich im Übrigen nicht; bei Gott gibt es keine Rangunterschiede. Ganz im Gegenteil: Sie erkannten, dass Gott mich beauftragt hat, die Gute Nachricht den nichtjüdischen Völkern zu bringen, so wie er Petrus beauftragt hat, sie den Juden zu bringen.* (Galater 2,4-7)

Die Gute Nachricht sollte unverfälscht erhalten bleiben, ob sie nun in einer hebräisch oder in einer griechisch geprägten Kultur zum Tragen kam.

Dieser Schritt, mit der Guten Nachricht in einen anderen Kulturkreis zu gehen, hat sich seither vielfach wiederholt. Es war und bleibt dabei nicht einfach, die Gute Nachricht »unverfälscht zu erhalten«, wie es Paulus beabsichtigte. Jedes Mal, wenn die schlichte Botschaft, dass Jesus Christus Menschen befreit, dass Gnade erlebt und gelebt werden kann und dass allein vertrauender Glaube genügt, kommen Menschen, die sagen: »Ja schon, aber dies oder das geht nicht, oder jenes muss dann schon auch sein. Was »dies« und »das« und »jenes« konkret ist, wird immer wieder neu festgelegt.

Christen, die in verschiedenen Kulturen und mit unterschiedlichen Prägungen zu einem neuen Leben in der Verbindung mit Christus und christlicher Gemeinschaft gefunden haben, und sogar einander in ihrer Unterschiedlichkeit achten und anerkennen, sind selbst ein Zeichen der Wirkung dieser Guten Nachricht. Schon Paulus und Petrus standen für zwei unterschiedliche Ausdrucksformen christlicher Lebensweise. Sich gegenseitig zu respektieren war Ausdruck davon, dass sie beide die Wirkung der Guten Nachricht be-zeugten und nicht er-zeugten. Sie waren Teil von etwas viel Größerem, das weit über ihre eigene Vorstellungskraft hinausging. Sie erzeugten das nicht von sich aus. Sie bezeugten vielmehr das, was da um sie herum und auch durch sie Wirkung zeigte.

So stellten sich Paulus und Petrus und weitere führende Persönlichkeiten hinein in das großartige Wirken Gottes. Sie ließen einander in unterschiedlichen Milieus gewähren. Aber sie trennten sich nicht. Sie hielten auch an der Beziehung miteinander fest. So konnte gerade die verarmte Gemeinde in Jerusalem auf die Unterstützung der christlichen Gemeinden aus dem neuen Kulturkreis zählen:

Denn Gott wirkte durch Petrus bei seiner Missionsarbeit unter den Juden und hat ihn so als Apostel für die Juden bestätigt. Und er wirkte auch durch mich in meiner Missionsarbeit unter den Nichtjuden und hat mich so als Apostel für die anderen Völker bestätigt.

> *Die maßgebenden Leute, die als »die Säulen«
> gelten, Jakobus, Petrus und Johannes, erkann-
> ten, dass Gott mir diesen Auftrag anvertraut hat.*
> *So gaben sie mir und Barnabas die Hand zum
> Zeichen der Gemeinschaft. Wir einigten uns, dass
> Barnabas und ich unter den anderen Völkern die
> Gute Nachricht verkünden sollten und sie unter
> den Juden. Sie machten nur zur Bedingung, dass
> wir die verarmte Gemeinde in Jerusalem unter-
> stützten. Darum habe ich mich auch wirklich
> bemüht.* (Galater 2,8-10)

Die Gute Nachricht ist nicht nur für Leute, die aus einer bestimmten Kultur kommen, sie ist für alle Völker. Sie ist nicht von Menschen erdacht, sie ist von Gott geoffenbart. Darin war Paulus unnachgiebig.

Diese Gute Nachricht haben Paulus und Petrus, zwei der maßgeblichen Persönlichkeiten der ersten Christen, bezeugt. Sie wirkten dabei meist in verschiedenen Kulturen und Gegenden. Aber sie pflegten auch Gemeinschaft. Doch diese harmonische Gemeinschaft zu bewahren, war nicht das oberste Anliegen von Paulus. Darum war es Paulus sogar einen Konflikt mit Petrus wert, als dieser die Kraft der Guten Nachricht durch sein

Verhalten bedrohte. Das ABC der Guten Nachricht ist schlicht und weltbewegend zugleich. Das darf nicht aufs Spiel gesetzt werden.

❖ ❖ ❖

III

mutig

*Als Petrus später in Antiochia war,
stellte ich ihn öffentlich zur Rede,
weil sein Verhalten unentschuldbar war.
Galaterbrief 2,11*

Die meisten von uns gehen Konflikten gerne aus dem Weg. Wenn wir einen Konflikt befürchten, ändern wir lieber unser Verhalten. Wir halten uns zurück. Wir wechseln das Thema. Wir sagen nicht, was wir wirklich denken. Wir sagen sogar etwas, das nicht ganz stimmt, denn wir wollen die Stimmung nicht gefährden.

Genauso verhielt sich Petrus, als er außerhalb seines vertrauten Kontextes war, bei den Christen in Antiochia. Es waren Christen mit einem völlig anderen Hintergrund als Petrus. Sie hatten sich von der Guten Nachricht, die sie durch Paulus erfahren hatten, bewegen lassen. Petrus kam nach Antiochia und pflegte Gemeinschaft mit ihnen. Aber er änderte sein Verhalten, als er einen Konflikt befürchtete. So steckte er mit seiner Reaktion andere an, sich auch so zu verhalten:

Zuerst nämlich nahm er (Petrus) zusammen mit den nichtjüdischen Brüdern und Schwestern an den gemeinsamen Mahlzeiten teil. Aber dann kamen Leute aus dem Kreis um Jakobus, die das jüdische Gesetz streng befolgen. Da zog sich Petrus von den gemeinsamen Mahlzeiten zurück und aß aus Furcht vor ihnen nicht mehr mit den Nichtjuden. Auch die anderen Juden in der Gemeinde blieben gegen ihre Überzeugung den gemeinsamen Mahlzeiten fern, sodass sogar Barnabas angesteckt wurde und genau wie sie seine Überzeugung verleugnete.

(Galater 2,12–13)

Paulus, immer mutig und temperamentvoll, kann nicht einfach zuschauen. Er erklärt den Christen in Galatien, warum ihm das Verhalten von Petrus und den anderen damals in Antiochia einen Konflikt wert war. Und das kam so: Als streng jüdisch geprägte Christen auftauchten, zog sich Petrus, entgegen seiner Überzeugung, von den gemeinsamen Mahlzeiten zurück. Mit ihm taten das auch Barnabas und andere jüdisch geprägte Christen. Durch ihr geändertes Verhalten hatten sie die Wahrheit der Guten Nachricht preisgegeben. Paulus musste mutig Klartext reden und den Konflikt auslösen:

Als Petrus später in Antiochia war, stellte ich ihn öffentlich zur Rede, weil sein Verhalten unentschuldbar war ...

... Als ich sah, dass sie damit die Wahrheit der Guten Nachricht preisgaben, sagte ich zu Petrus vor der ganzen Gemeinde: »Obwohl du ein Jude bist, hast du bisher die Vorschriften des jüdischen Gesetzes nicht beachtet und hast wie ein Nichtjude gelebt. Warum zwingst du dann jetzt durch dein Verhalten die nichtjüdischen Brüder und Schwestern, so wie Juden nach den Vorschriften des Gesetzes zu leben?

(Galater 2,11 und 13–14)

Wieso sollen die Christen in Antiochia eine traditionelle Haltung einnehmen, die für sie neu ist, wenn Petrus auch keine neue Haltung einnimmt, sondern zu seiner bisher gewohnten zurückgeht? Paulus ist ein hartnäckig argumentierender Freund. Petrus wird herausgefordert. Noch weitere Argumente muss er von Paulus hören.

Es stimmt, wir sind von Geburt Juden und nicht Sünder [= Menschen ohne das Gesetz] wie die Angehörigen der anderen Völker. Aber wir wissen, dass kein Mensch deshalb vor Gott als gerecht bestehen kann, weil er das Gesetz befolgt. Nur die finden bei Gott Anerkennung, die in vertrauendem Glauben annehmen, was Gott durch Jesus Christus für uns getan hat.

(Galater 2,15–16)

Die Wahrheit der Guten Nachricht ist: Es zählt allein der vertrauende Glaube in das, was Gott in Jesus Christus getan hat. Christus befreit aus dem, was gefangen macht. Menschen sind berufen im Raum der Gnade zu leben. Das ist die neue Wirklichkeit, die möglich ist – für alle Völker. Das hat Gott in Jesus Christus selbst geoffenbart. Dies haben sich nicht Menschen als für sie stimmigen Glauben erdacht. Weil allein vertrauender Glaube zählt, braucht es keine anderen zusätzlichen Regeln oder Überzeugungen, damit die Gute Nachricht Wirklichkeit werden kann. Darum argumentiert Paulus noch weiter mit Petrus entlang dieser Linie:

Deshalb haben auch wir unser Vertrauen auf Jesus Christus gesetzt, um durch das Vertrauen auf ihn bei Gott Anerkennung zu finden und nicht durch Erfüllung des Gesetzes; denn mit Taten, wie sie das Gesetz verlangt, kann kein Mensch vor Gott bestehen. Auch wir als Juden suchen also durch Christus vor dem Urteil Gottes zu bestehen, und damit geben wir zu, dass wir genauso Sünder sind wie die Menschen der anderen Völker...

... Weil ich aber mit Christus am Kreuz gestorben bin, lebe in Wirklichkeit nicht mehr ich, sondern Christus lebt in mir. Das Leben, das ich jetzt noch in diesem vergänglichen Körper lebe, lebe ich im Vertrauen auf den Sohn Gottes, der mir seine Liebe erwiesen und sein Leben für mich gegeben hat. Ich weise die Gnade Gottes nicht zurück. Wenn wir vor Gott damit bestehen könnten, dass wir das Gesetz erfüllen, dann wäre ja Christus vergeblich gestorben!

(Galater 2,16–21)

Da leuchtet es wieder auf, das A, B und C der Guten Nachricht:

CHRISTUS – GNADE – GLAUBE

Petrus geriet damals in Antiochia von drei Seiten unter Druck: Von Judenchristen (aus dem Kreis des Jakobus), von Juden und von Heidenchristen. Verständlich, dass Petrus in dieser Situation noch nicht wagte, so standfest wie Paulus für den Kern des Evangeliums einzustehen.

Heute geraten die »Petrusse« unter uns auch von traditionell geprägten Christen unter Druck. Sie bekommen zudem von nichtreligiösen Menschen Druck. Und sie erhalten auch von neu glaubenden Christen, die in anderen kulturellen Milieus als sie zum Glauben gefunden haben, Druck. Verständlich, dass eine solche Lage verunsichern kann. Man ist versucht, das eigene Verhalten zu ändern, um Auseinandersetzungen aus dem Weg zu gehen. Aber für Paulus ist ein solches Verhalten, das Konflikte vermeiden will, gerade einen Konflikt wert!

Um zu spüren, wie brisant die Angelegenheit zwischen Paulus und Petrus damals war, hier eine Übertragung des Konfliktes in eine aktuelle Herausforderung unter Christen. In Zürich-

Wollishofen ist eine neue christliche Gemeinde entstanden, die Regenbogen-Kirche. Viele Menschen, die in diese Gemeinde kommen, haben homosexuelle Empfindungen und leben zum Teil in gleichgeschlechtlichen Beziehungen oder sie kennen Menschen, die so empfinden und leben. Ihre Überzeugungen werden von Christen, die bei diesem Thema traditionell geprägt sind und traditionell denken, nicht geteilt und oft abgelehnt.

Stellen wir uns vor, wie ein heutiger »Paulus« in der Regenbogen-Gemeinde in Zürich-Wollishofen mit einem heutigen »Petrus« einen Konflikt auslöst. Entsprechend dem Brief an die Galater könnte ein Brief von einem heutigen »Paulus« an eine heutige Gemeinde etwa so lauten:

Als mein Pfarrkollege »Petrus« zu uns in die neu gegründete Regenbogen-Gemeinde kam, löste ich öffentlich einen Konflikt aus, weil ich ihm vor allen Anwesenden geradewegs entgegentrat. Er hatte sich durch sein Verhalten verurteilt.

Denn bevor einige der traditionell geprägten Christen kamen, hatte er bei uns mit den Christen zusammengesessen, die überzeugt sind, dass auch für homosexuell empfindende Menschen genauso gilt, was für alle Menschen gilt: Allein durch vertrauenden Glauben erschließt sich die befreiende Kraft, die Christus bringt. Allein durch vertrauenden Glauben finden wir Gemeinschaft in einem Raum der Gnade. »Petrus« fand auch zu dieser Überzeugung. Darum hat er offen mit allen zusammengesessen. Wir erlebten eine gute Gemeinschaft. Sein Verhalten war für uns alle ein klares Zeichen, dass er diese bunte Gemeinschaft guthieß und unterstützte.

Als aber die traditionell geprägten Christen auftauchten, zog er sich von uns zurück und sonderte sich ab, da er sich vor ihren Reaktionen fürchtete.

Mit meinem Pfarrkollegen zusammen täuschten dann andere eine Distanz zu uns vor, sodass auch Freunde von mir verleitet wurden, sich von uns und den homosexuell orientierten Menschen zurückzuziehen.

Als ich aber sah, dass sie sich mit dieser Distanzierung nicht so verhielten, wie es dem Kern des Evangeliums entspricht, stellte ich meinen Kollegen vor allen andern zur Rede und sagte zu ihm: »Obwohl du ein traditionell geprägter Christ bist, hast du dich unter uns bisher gleich verhalten wie diejenigen, die eine offene Haltung vertreten. Jetzt änderst du dein Verhalten *wieder und kehrst zurück zur Haltung, die dir bisher vertraut war. Du gehst zurück zu deiner ersten Haltung. Wie kannst du dann jetzt von denen mit einer offenen Haltung fordern, dass sie ihre erste Haltung aufgeben sollen und sich neu nach einem traditionellen Verständnis verhalten sollen?*

Es ging Paulus damals in Antiochia nicht darum, Petrus bloßzustellen. Es ging ihm nicht darum, Petrus zu besiegen. Es ging Paulus darum, dass keine Scheinwelt entsteht, wenn Petrus sich wegen seiner Befürchtungen und Ängste wieder von seinem neu gewagten Verhalten, das dem Evangelium entspricht, zurückzieht.

Wenn Christen mit unterschiedlichen Positionen aufeinanderprallen, gilt es zu erkennen, ob dabei der Kern des Evangeliums geopfert wird. Wenn ja, dann gilt es dem Konflikt nicht auszuweichen.

Heutzutage werden verschiedene Themen so ins Zentrum gestellt, dass dadurch der Kern des Evangeliums geopfert wird. Die Themen rund um Haltungen mit homosexuellen Menschen sind ein Beispiel dafür. Weitere Themen äußern sich zuweilen so:

- »Die Bibel ist doch eindeutig. Christen müssen darum doch die biblischen Überzeugungen vertreten.«
- »Wer Christ wird, muss sich taufen lassen.«
- »Christen müssen gegen Abtreibung sein.«
- »Christen müssen am Sonntag doch regelmäßig in einen Gottesdienst gehen.«
- »Für ein gutes Verhalten müssen sich Christen halt schon auch selbst etwas anstrengen.«

Immer wird der Kern des Evangeliums, sozusagen das ABC des Evangeliums, um etwas erweitert, das dann auch noch dazugehören muss.

Allen diesen Haltungen, die zusätzlich noch in den Mittelpunkt gestellt werden, wird von außen ein »müssen« angehängt. Sie werden erwartet oder eingefordert. Aber solche fordernden Haltungen bewirken Schein statt Sein, Anstrengung statt Selbstverständlichkeit, Anspannung statt Entspannung und letztlich, wenn es doch nicht klappt, Enttäuschung über sich selbst und andere. Nichts von Befreiung und Aufatmen. Dieser Zugang zielt nicht darauf, dass vertrauender Glaube gewagt und gestärkt wird.

Mit Regeln und Geboten sucht man Sicherheit. Man versucht mit ihnen den Glauben abzusichern, oder man versucht damit sich selbst abzusichern, damit man auf der »richtigen« Seite steht.

Dadurch wird aber (meist unerkannt und unbewusst) der Kern des Evangeliums geopfert! Das darf nicht unwidersprochen bleiben! Da braucht es Christen, die wie Paulus auftreten und mutig und klar einen Konflikt auslösen.

Der sich mit Regeln und Geboten absichernde Glaube rettet Menschen nicht. Er bewirkt eine falsche Sicherheit und verhindert dadurch gerade vertrauenden Glauben. Der vertrauende Glaube rettet Menschen – sowohl Einzelne als auch ganze Gemeinschaften. Denn durch vertrauenden Glauben entsteht eine Weite, in der Menschen heilen und aufleben können.

Wenn *absichernder* Glaube gegen *vertrauenden* Glauben steht, braucht es mutige und klare Worte, mit allem Respekt vorgebracht. Wer diesen nötigen Konflikt vermeiden will und ausweicht, trägt dazu bei, dass die Gute Nachricht nicht gut bleibt. Das Ziel, dank der Guten Nachricht vertrauenden Glauben zu ermöglichen, wird so gerade verfehlt. Wenn in der Bibel davon gesprochen wird, dass Menschen das Ziel verfehlen, dann wird auch davon gesprochen, dass sie sündigen. Sünde ist Zielverfehlung. Wer also einem Konflikt ausweicht und dadurch zulässt, dass Menschen das Ziel, vertrauenden Glauben zu wagen, verfehlen, der sündigt.

Wer hätte gedacht, dass Konflikte vermeiden Sünde sein kann? Wer hätte gedacht, dass sich absichernder Glaube Sünde sein kann? Die Worte von Paulus im 2. Kapitel seines Briefes an die Galater machen deutlich: Wo der Kern des Evangeliums geopfert wird, muss uns das allemal einen Konflikt wert sein.

VIDEOCLIP
zu diesem
Kapitel

IV

sorgenvoll

....

*Ihr macht mir Sorgen!
Soll meine ganze Arbeit an euch
vergeblich gewesen sein?
Galaterbrief 4,11*

....

Ich wundere mich über euch!«, schrieb Paulus anfänglich den Christen in Galatien (Galater 1,6). Nun werden die Zeilen in seinem Brief noch leidenschaftlicher. Offensichtlich macht sich Paulus Sorgen, was er später ja auch schreibt. Darum wird er wohl noch direkter:

Ihr unvernünftigen Galater! (Galater 3,1)

Jetzt aber! Hat Paulus die Aufmerksamkeit seiner christlichen Freunde in Galatien schon gewonnen? Hören sie ihm zu, trotz seiner heftigen Worte? Vielleicht ja schon. Paulus verdanken sie immerhin, dass er ihnen den Weg des vertrauenden Glaubens gezeigt hat. Sie haben diesen Weg gewagt und haben viele sehr ermutigende Erlebnisse durch das Wirken des Heiligen Geistes erlebt.

Nun aber hörte Paulus, dass sie sich durch Menschen, die jüdisch geprägt waren, verwirren ließen. Diese sagten ihnen, dass es nach dem Gesetz nötig sei, bei den männlichen Mitgliedern die Beschneidung zu vollziehen. Sonst seien sie nicht wirklich Christen und gehörten nicht wirklich zum Volk Gottes.

Unvernünftig, gegen die Vernunft, sei diese Haltung, hält Paulus ganz klar fest. Wer will schon unvernünftig sein? Gelingt es Paulus, seine christlichen Geschwister zum vernünftigen Nachdenken zu bewegen? Paulus zählt darauf, dass er sie von dem, was hier zur Debatte steht, überzeugen kann. Mehrere vernünftige Argumente führt er ins Feld. Zunächst kommt er wieder auf einen der drei Kernpunkte des Evangeliums zurück und knüpft dabei an ihre eigene Erfahrung an:

Ich möchte euch nur eines fragen: Hat Gott euch seinen Geist gegeben, weil ihr das Gesetz befolgt habt oder weil ihr die Botschaft gehört und angenommen habt, dass es vor Gott auf den vertrauenden Glauben ankommt? (Galater 3,2)

Paulus stellt hier eine rhetorische Frage. Der vertrauende Glaube, nicht das Befolgen eines Gesetzes, öffnet die Tür zur neuen Wirklichkeit, in der Gottes Geist empfangen und erfahren wird. Vertrauender Glaube öffnet die Türe weit genug. Es braucht nichts Zusätzliches, auch wenn es traditionell noch so üblich ist oder religiös einleuchtend scheinen mag. Darum folgt sogleich eine zweite rhetorische Frage:

Was der Geist Gottes in euch angefangen hat, das wollt ihr jetzt aus eigener Kraft zu Ende führen? (Galater 3,3)

Anschließend erinnert er an die erstaunlichen Erfahrungen, die sie gemacht haben. Die kann man doch nicht einfach außer Acht lassen:

Ihr habt so große Dinge erlebt – war das alles vergeblich? Es kann nicht vergeblich gewesen sein! Gott gibt euch seinen Geist und lässt Wunder bei euch geschehen – tut er das, weil ihr das Gesetz befolgt oder weil ihr die Botschaft vom Glauben gehört und angenommen habt? (Galater 3,4–5)

Schon allein mit diesen ersten Gedanken wird deutlich, dass zwei unterschiedliche Konzepte aufleuchten und aufeinanderprallen. Aber Paulus stellt sich nicht einfach gleich gegen die Galater.

Vielmehr holt er sie dort ab, wo sie sind. Als Schriftgelehrter, der die jüdischen Schriften studiert und gelehrt hat, weiß er, worauf sich die jüdisch geprägten Christen berufen. Er weiß, welche Schriftstellen für sie Gewicht haben. Darum knüpft sein nächstes Argument gleich bei Abraham an:

Von Abraham heißt es doch in den Heiligen Schriften: »Er vertraute Gott und glaubte seiner Zusage, und dies rechnete Gott ihm als Gerechtigkeit an.« Ihr seht also, wer die echten Nachkommen Abrahams sind: Es sind die Menschen, die der Zusage Gottes Glauben. (Galater 3,6–7)

Paulus zeigt in den Schriften, die für die jüdisch geprägten Christen, Autorität haben, dass schon dort die Grundhaltung des vertrauenden Glaubens entscheidend ist. Paulus argumentiert weiter, dass in den Heiligen Schriften schon davon die Rede ist, dass nichtjüdische Völker aufgrund ihres vertrauenden Glaubens von Gott angenommen und aufgenommen werden:

In den Heiligen Schriften ist auch vorausgesehen, dass Gott die nichtjüdischen Völker aufgrund des Glaubens annehmen werde. Deshalb wird dort Abraham im Voraus die Gute Nachricht verkündet: »Durch dich werden alle Völker der Erde gesegnet werden.« Daraus geht hervor, dass alle, die Gott glauben und ihm vertrauen, zusammen mit dem glaubenden Abraham gesegnet werden.
(Galater 3,8-9)

Paulus führt weitere vernünftige Argumente ins Feld (Galater 3,10ff): Beim Einhalten des Gesetzes geht es nicht um Glauben und Vertrauen, sondern um das Befolgen von Anweisungen. Das kann man aus verschiedensten Motiven tun. Es muss nicht aus Vertrauen heraus sein. Man kann beispielsweise aus Furcht vor negativen Folgen oder aus dem Gefühl heraushandeln, dass man dann ein guter Mensch ist oder dass man bei Gott Anerkennung findet.

Was alle Menschen erleben, die nach Regeln und Geboten leben: Niemand kann alle einhalten und befolgen. Alle bleiben hinter der Erfüllung der Gebote zurück. Wer Gesetz, Regeln und Gebote als Weg zum Leben sieht, findet es gerade nicht, sondern bleibt in Regeln und Geboten gefangen. Es ist wie ein Fluch.

Paulus aber zeigt, dass dieser Fluch gebrochen wurde, weil Christus diesen Fluch auf sich genommen hat. Er hat die Auswirkung derjenigen, die Gottes Gebote verteidigen wollten, auf sich genommen. Das hat ihn ans Kreuz gebracht. Am Kreuz wird sichtbar, was religiöser Eifer, der sich an Gesetz, Geboten und Regeln orientiert, letztlich bewirkt: Den Tod. Das Gesetz kann kein neues Leben schaffen. Da kann man sich noch so bemühen. Neues Leben, in dem Gottes schöpferische Geistkraft erfahren wird, eröffnet sich nur durch vertrauenden Glauben.

Noch nicht genug, schiebt Paulus noch ein Argument nach: Die Zusage an Abraham wurde 430 Jahre früher gegeben als das Gesetz. Sie ist wie ein Testament. Und ein Testament gilt vor allem anderen.

Das Testament, das Gott rechtskräftig ausgefertigt hat, kann nicht außer Kraft gesetzt werden durch das Gesetz, das erst 430 Jahre später erlas-

*sen wurde. Es kann die Zusage nicht aufheben.
Gott hat ein großartiges Erbe ausgesetzt. Wenn
sein Empfang von der Befolgung des Gesetzes
abhinge, dann wäre es nicht mehr ein Geschenk
der freien Zusage. Gott aber hat Abraham aus
reiner Gnade diese Zusage gemacht.*

(Galater 3,17-18)

Die auf diese Aussagen naheliegende Frage nimmt Paulus auch gleich auf:

*Was für einen Sinn hat dann das Gesetz? Es ist
hinzugefügt worden, damit die Macht der Sünde
in den Gesetzesübertretungen sichtbar wird.*

(Galater 3,19)

Das Gesetz hat schon eine Funktion, aber es kann nie den vertrauenden Glauben ersetzen. Es kann auch den vertrauenden Glauben nicht ergänzen, wie die Galater meinten. Das Gesetz kann nur aufzeigen. Es zeigt auf wie wir durch die Macht der Sünde gefangen sind.

Befreiung kommt nicht durch das Gesetz. Sie kommt durch vertrauenden Glauben in das, was Christus getan hat. So kommen wir in eine Wirklichkeit, in der wir Zuwendung, Treue und Barmherzigkeit erleben und leben können. Dies ist der Raum der Gnade. Wo Zuwendung, Treue und Barmherzigkeit keinen Raum haben, wird es gnadenlos. Dann gewinnen Abwendung, Treulosigkeit und Hartherzigkeit die Oberhand. Sie bewirken ein lebensfeindliches Klima. Dort kann niemand Leben finden.

Paulus beschreibt die Funktion des Gesetzes auch als eine Art Aufseher. Regeln und Gebote können helfen, dass Leben geschützt wird. Diese Funktion schreibt Paulus dem Gesetz zu. Aber nur bis der kommt, der den Weg in die Freiheit eröffnen kann, Christus.

> *Bevor uns Gott diesen Weg des Glaubens geöffnet hat, waren wir unter der Aufsicht des Gesetzes in das Gefängnis der Sünde eingeschlossen. Das sollte so lange dauern, bis Gott den vertrauenden Glauben als Weg in die Freiheit bekannt machen würde, und das heißt: bis Christus kam. So lange war das Gesetz unser Aufseher.*
>
> *(Galater 3,23–24)*

Noch zwei Vergleiche bringt Paulus, um die »unvernünftigen« Galater wieder zur Vernunft zu bringen und um sie zum vertrauenden Glauben zurückzugewinnen.

Mit einem ersten Vergleich zwischen einem Sklaven und einem Kind macht er deutlich, wie unterschiedlich die Situation der zwei Stellungen ist. Wer sich am Gesetz, an Geboten und Regeln orientiert, ist wie ein Sklave. Wer im vertrauenden Glauben lebt, der ist wie ein Kind. Paulus denkt dabei nicht an ein kleines Kind, sondern an ein mündiges Kind, an einen erwachsenen Sohn oder eine erwachsene Tochter. Ein Sklave bekommt Anweisungen, die er befolgen muss. Ein Kind bekommt ein Erbe, das es verwalten darf. Diesen Gedanken führt Paulus ein paar Zeilen später dann noch weiter aus. Zuerst aber fügt er gleich noch einen zweiten Vergleich an.

Die Stellung, die Menschen einnehmen, die mit Christus verbunden leben, ist wie ein neues Kleid anziehen. Wer sich im vertrauenden Glauben Christus zugewandt hat, der hat sozusagen Christus wie ein Kleid angezogen. Kleider drücken aus, wer jemand ist oder in welcher Funktion er oder sie auftritt. Wer in ein Festkleid schlüpft, macht sich auf zu einem Fest. Wer eine Uniform anzieht, übernimmt eine bestimmte Aufgabe. Wer in ein neues Kleid schlüpft, schlüpft in eine neue Stellung und durch das neue Kleid wird auch die eigene Einstellung beeinflusst.

Durch die Verbindung mit Christus haben alle dieselbe Stellung vor Gott. Sie sind zu »einem Menschen« geworden. Könnte es sein, dass die Betonung dabei nicht auf »*einem* Menschen« liegt, sondern auf »einem *Menschen*«? Das hätte zur Folge, dass andere Kategorien, durch die Menschen sich voneinander unterscheiden, nicht mehr gelten.

Ihr alle seid jetzt mündige Söhne und Töchter Gottes – durch den Glauben und weil ihr in engster Gemeinschaft mit Jesus Christus verbunden seid.

Denn als ihr in der Taufe Christus übereignet wurdet, habt ihr Christus angezogen wie ein Gewand. Es hat darum auch nichts mehr zu sagen, ob ein Mensch Jude ist oder Nichtjude, ob im Sklavenstand oder frei, ob Mann oder Frau. Durch eure Verbindung mit Jesus Christus seid ihr alle zu einem Menschen geworden. Wenn ihr aber zu Christus gehört, seid ihr auch Abrahams Nachkommen und bekommt das Erbe, das Gott Abraham versprochen hat. (Galater 3,26–29)

Mit diesem Bild eines mündigen, erbberechtigten Kindes zeigt Paulus, wie besonders und einmalig die Stellung als Kind durch Christus geworden ist. Ein kleines, noch unmündiges Kind erlebt den Unterschied zum Sklaven nicht. Unmündige Kinder werden noch von Geboten und Verboten geprägt. Sie werden von ihren Erzieherinnen und Erziehern und deren Gesetzen bestimmt. Aber das ist nicht die Lebensweise mündiger Kinder. Diese leben im Sinne ihrer Erziehenden, ohne dass sie ständig Regeln und Gebote brauchen. Sie leben im Geist ihrer Erzieherinnen und Erzieher und können selbst beurteilen, was in deren Sinn ist und was nicht. Genau diesen Unterschied zwischen unmündig und mündig greift Paulus auf.

So standen auch wir früher als Unmündige unter der Herrschaft der Mächte dieser Welt. Als aber die Zeit gekommen war, sandte Gott seinen Sohn. Der wurde als Mensch geboren und dem Gesetz unterstellt, um alle zu befreien, die unter der Herrschaft des Gesetzes standen. Durch ihn wollte Gott uns als seine mündigen Söhne und Töchter annehmen. Weil ihr nun Gottes Söhne und Töchter seid, gab Gott euch den Geist seines Sohnes ins Herz. Der ruft aus uns: »Abba! Vater!« Du bist also nicht länger Sklave, sondern mündiger Sohn und mündige Tochter, und wenn du das bist, dann bist du nach Gottes Willen auch Erbe:

Du bekommst, was Gott Abraham versprochen hat. *(Galater 4,3–7)*

Argument für Argument führt Paulus auf. Unermüdlich versucht er, gerade in den Schriften des Gesetzes zu zeigen, dass schon in ihnen auf das hingewiesen wird, was den Gesetzes-Glauben ablösen wird. Zurückzugehen zu Regeln und Geboten bedeutet den Verlust der neuen Lebensweise. Das kann doch nicht wahr sein, dass die guten Anfänge zunichte gemacht werden. Paulus gibt alles, um das zu verhindern. Noch ist er nicht sicher, ob er mit seinen Argumenten die Christen in Galatien zurückgewinnen kann. Seine Sorge um sie nimmt zu. Er wird darum noch deutlicher.

Nun erinnert er daran, wie sie gelebt haben, bevor sie die befreiende Kraft von Christus angenommen und erfahren haben. Damals hatten sie noch keine Ahnung von Gott. Sie orientierten sich an verschiedenen Göttern. Paulus nennt sie »schwache und armselige Mächte« (Galater 4,9). Die damalige Lebensweise, die sich an Göttern orientierte, glich der Lebensweise von Sklaven. Wie Herren über Sklaven bestimmen, so bestimmten diese Götter über die Menschen. Man wurde von ihnen bestimmt. Nichts von Vertrauen und Freiheit und mündiger Lebensweise.

Ganz anders war es damals, als ihr Gott noch nicht gekannt habt: Wie Sklaven dientet ihr Göttern, die gar keine sind. Jetzt habt ihr Gott erkannt, besser gesagt: Gott hat euch erkannt. Wie könnt ihr dann wieder zu diesen schwachen und armseligen Mächten zurückkehren? Wollt ihr von neuem ihre Sklaven sein? Ihr meint, ihr müsst auf bestimmte Tage, Monate, Festzeiten, Jahre achten und euch danach richten.

(Galater 4,8-10)

Ein kleiner Nebengedanke, den Paulus da noch einflicht, ist beachtenswert. Indem Paulus sagt: »Jetzt habt ihr Gott erkannt«, weist er darauf hin, dass Gott erkennen eigentlich eine Reaktion darauf ist, dass »Gott sie erkannt hat«. Christlicher Glaube beginnt mit dem Handeln Gottes, nicht mit dem Denken und Handeln der Menschen. Zuerst hat Gott sich den Menschen zugewandt. Das wird in Jesus Christus deutlich. Auf diese Zuwendung reagieren Menschen. Wer erkennt, wie Gott sich zuwendet, erkennt Gott und lässt sich davon bewegen. Im Lied »Amazing Grace« wird diese Erfahrung eindrücklich beschrieben.

LINK zu diesem Lied

Man spürt deutlich in diesen Zeilen des Paulus, er kann es nicht fassen, dass diese erstaunliche Gnade, diese befreiende Kraft, die durch Christus Menschen verändert, wieder ersetzt wird durch Rituale und Regeln, die man aus eigener Kraft einhalten und hochhalten will.

Ihr macht mir Sorgen! Soll meine ganze Arbeit an euch vergeblich gewesen sein? (Galater 4,11)

War alles Engagement, waren alle Bemühungen umsonst? Was kann er nur tun, damit die Christen nicht zurückfallen in eine Frömmigkeit, die sich an Ritualen und Regeln orientiert, statt am vertrauenden Glauben, der Befreiung bringt?

V

ratlos

Könnte ich nur bei euch sein und so zu euch reden, dass es euch ins Herz dringt! Ich bin ratlos, was ich mit euch machen soll.
Galaterbrief 4,20

Paulus spürt, dass er sich am wirkungsvollsten einsetzen könnte, wenn er vor Ort wäre. Er sehnt sich nach der direkten Begegnung, in der man auch das Gegenüber wahrnehmen kann und so reden kann, dass man spüren kann, was die andere Person im Innersten bewegt.

Paulus kann im Moment nicht persönlich bei den Christen in Galatien sein. Also schreibt er so persönlich wie möglich. Er nimmt sich selbst als Beispiel:

Ich bitte euch, liebe Brüder und Schwestern: Werdet wie ich, weil ich ja auch wie ihr geworden bin – nämlich frei vom Gesetz. (Galater 4,12)

»Werdet wie ich«, Paulus riskiert sich ganz. »All in!« könnte man sagen. Er geht aufs Ganze. Er weist nicht nur auf eine Grundhaltung hin, die »man« anstreben soll. Er macht sich selbst zum Vorbild. Und er macht sich nicht nur zum Vorbild für das, wie man es »machen« soll, sondern wie man »werden« soll!

Es geht darum ein, Mensch zu werden, der mit seinem Sein eine Haltung und eine Lebensweise ausdrückt. Es geht darum, dass man nicht mehr ein Mensch sein muss, der unsicher ist und ständig überlegt: Soll ich das tun? Kann ich das tun? Darf ich das tun oder nicht? Wer so fragt, lässt sich immer noch von Regeln und Geboten leiten. Eine Person zu werden, die wie Paulus mit Christus verbunden lebt, das ist die neue Lebensweise. Paulus hat selbst erlebt, wie grundverschieden beide Lebensweisen sind. Er kann es nicht fassen, dass Leute diese neue Wirklichkeit opfern, indem sie sich wieder von Ritualen, Regeln und Geboten bestimmen lassen.

Wie kann er die Galater zurückgewinnen? Was kann er aus der Ferne noch machen? Er ist ratlos. Ihm bleibt nur persönlich zu werden und sich als eine Person einzubringen, an der sie sich doch orientieren sollen.

Paulus erinnert die Christen in Galatien daran, wie sie sich auf ihn eingelassen haben, als er bei ihnen war. Sie haben auf ihn gehört und sich um ihn gekümmert, obwohl sein gesundheitlicher Zustand sie auf eine Probe stellte. Als Paulus bei ihnen war, war er kein gesunder, starker, strahlender Held, den man bewundern musste. Er scheint mit seinen Augen Schwierigkeiten gehabt zu haben. Die Leute hätten ihm ihre Augen gegeben, wenn sie es gekonnt hätten. So zugeneigt zu Paulus waren sie. Da ist eine echte Freundschaft gewachsen zwischen Paulus und den Christen in Galatien.

Wie konnten in so kurzer Zeit andere Menschen ihre Aufmerksamkeit und Zuwendung gewinnen? Nur weil Paulus nicht vor Ort sein konnte? Ist Paulus für sie vom Freund gar zum Feind geworden? Für Paulus ist klar: Die Christen in Galatien werden von Leuten umworben, die sie von der Beziehung mit ihm und der Verbindung mit Christus trennen wollen.

> *Ihr habt mir nie eine Kränkung zugefügt. Ihr wisst doch noch, wie ich zum ersten Mal bei euch war und euch die Gute Nachricht brachte. Ich war krank, und mein Zustand stellte euch auf eine harte Probe. Trotzdem habt ihr mich nicht verachtet oder verabscheut. Im Gegenteil, ihr habt mich wie einen Engel Gottes aufgenommen, ja wie Jesus Christus selbst.*
>
> *Damals habt ihr euch glücklich gepriesen. Wo ist das nun geblieben? Ich kann euch bezeugen: Wenn es möglich gewesen wäre, hättet ihr euch sogar die Augen ausgerissen und sie mir gegeben. Bin ich jetzt euer Feind geworden, weil ich euch die Gute Nachricht unverfälscht bewahren will? Ihr werdet von Leuten umworben, die es nicht gut mit euch meinen. Sie wollen euch nur von mir und von Christus trennen, damit ihr sie umwerbt. Dagegen ist es gut, wenn ihr im guten Sinne mich umwerbt, und das nicht nur, wenn ich bei euch bin.* (Galater 4,12–18)

Paulus geht es nicht um sich und seine Beziehung zu den Christen in Galatien. Es geht ihm um diese

Menschen, die erst vor Kurzem das befreiende Leben in der Verbindung mit Christus gefunden hatten.

Für Paulus sind sie wie eigene Kinder, die er auf die Welt gebracht hat. Ihm ist es nicht egal, wie es ihnen geht und welche Entscheidungen sie treffen. Wenn sie wieder zurückgehen zu einer Lebensweise unter Ritualen, Regeln und Geboten, dann beginnt er halt nochmal von vorn:

Meine Kinder, ich leide noch einmal Geburtswehen um euch, bis Christus in eurer Mitte Gestalt angenommen hat! *(Galater 4,19)*

»Bis Christus in eurer Mitte Gestalt angenommen hat!« Darum geht es Paulus. Christus soll erkennbar werden, und zwar »in eurer Mitte«. Wenn Christus in der Mitte einer Gemeinschaft von Menschen Gestalt annimmt, dann geht nicht nur darum, dass Christus in einzelnen Menschen Gestalt gewinnt, sondern auch in ihrer Mitte. Es soll in der Gemeinschaft der Christen darum gehen, dass man erkennen kann, wer im Zentrum steht. Wer in eine Gemeinschaft hinein kommt, wer einer Gemeinschaft begegnet, der kann wahrnehmen, wer oder was den Kern dieser Gemeinschaft ausmacht. Man hört, worüber die Leute reden. Man erfährt und sieht, was sie tun, was sie bewegt, worüber sie sich freuen, was sie schmerzt.

Diese Mitte muss frei bleiben für Christus. Das gilt im persönlichen Leben und es gilt besonders im Leben einer christlichen Gemeinschaft, sei es eine lokale Gemeinde oder eine ganze Kirche oder Denomination. Immer wieder geschieht es, dass in Gemeinden und Kirchen nicht Christus in ihrer Mitte Gestalt gewinnt, sondern eine umstrittene Überzeugung oder ein aktuelles Thema. In der Reformationszeit waren es die Ablass-Regelungen und das Abendmahlsverständnis, später war die Sklaverei ein Streitthema. Dann wieder war es die Abtreibung, die Frage nach Frauen als Pfarrerinnen oder heute die Diskussionen um verschiedene Formen der menschlichen Sexualität.

Was immer in den Mittelpunkt drängt, es darf Christus nicht aus der Mitte verdrängen. Sonst verliert diese Gemeinschaft das, was Menschen in ihrer Mitte erleben sollen: Die Auswirkungen, die durch die Verbindung mit Jesus Christus in Menschen, unter Menschen und durch Menschen möglich werden.

Mein Nachbar auf dem Campingplatz damals würde sagen: Diese Gemeinschaft hat die Person Jesus Christus und das Konzept der Gnade aus den Augen verloren. Und darum hat sie ihren spezifischen Sinn und Zweck als christliche Gemeinschaft verloren.

Durch die Zeilen im Galaterbrief spüren wir, wie Paulus unterschiedliche Anknüpfungspunkte sucht, um für alle diese Mitte zu bewahren oder wieder zurückzugewinnen. Hatte er angefangen mit »Ich wundere mich über euch« und war später sogar fortgefahren mit »O ihr unvernünftigen Galater«, so wechselte er danach seinen Ton noch einmal und betonte: »Ihr macht mir Sorgen«. Es geht um so viel. Was Paulus am liebsten machen würde, ist ihm aber nicht möglich:

Könnte ich nur bei euch sein und so zu euch reden, dass es euch ins Herz dringt! Ich bin ratlos, was ich mit euch machen soll. (Galater 4,20)

Auch wenn er sich ratlos fühlt, gibt er nicht auf. Noch einmal setzt er an. Das zeigen seine nächsten Zeilen. Ist das der Wendepunkt in den Bemühungen des Paulus? Bemerkenswert, dass er nun nicht bei seinem eigenen Standpunkt ansetzt. Er knüpft am Standpunkt seiner Gesprächspartner an, bei deren Gedanken und Logik. Damit will er sie dort abholen, wo sie sind. Eine weise Entscheidung. Wird es ihm gelingen?

❖   ❖   ❖

VI

weise

*Ihr wollt euch dem Gesetz unterwerfen.
Ich frage euch: Hört ihr nicht,
was das Gesetz sagt?
Galaterbrief 4,21*

Ihr wollt euch dem Gesetz unterwerfen« (Galater 4,21). So fasst Paulus den aktuellen Standpunkt seiner Adressaten zusammen. Es ist die Ausgangslage für seinen erneuten Versuch die Galater nicht aufzugeben. Er scheint zu sagen: »Gut, dann lasst uns beim Gesetz beginnen und schauen, was dort steht.« Aber er zitiert nicht einzelne Gesetze oder Gebote. Er setzt beim

»Buch des Gesetzes« an, beim großen Ganzen. Paulus greift dabei auf eine der großen Schlüsselerzählungen zurück, denn in diesen Erzählungen zeigen sich grundlegende Linien für den Glauben. Eine weise Vorgehensweise, wie sich zeigen wird.

> *Ihr wollt euch dem Gesetz unterwerfen. Ich frage euch: Hört ihr nicht, was das Gesetz sagt? Im Buch des Gesetzes steht: Abraham hatte zwei Söhne, einen von der Sklavin Hagar und einen von der freien Frau Sara. Der Sohn der Sklavin verdankte sein Leben den menschlichen Kräften, der Sohn der Freien verdankte es der Zusage Gottes. Diese Erzählung hat einen tieferen Sinn: Die beiden Mütter bedeuten zwei verschiedene Ordnungen Gottes.* (Galater 4,21–24)

Zwei verschiedene Ordnungen Gottes. Paulus stellt sie deutlich nebeneinander. Beides sind Ordnungen, die von Gott kommen. Und doch geht es um entweder – oder! Ismael und Isaak, die beiden Söhne Abrahams, stehen für diese beiden Ordnungen. Hagar und Sarah ebenso. Hagar, die Sklavin, Sarah, die Freie. Ismael steht für eigenes Bemühen. Isaak steht für das Vertrauen auf die Zusage Gottes. Paulus stellt dem großen ABC des Glaubens ein kleines voran.

Das kleine abc für Gefangene	Das große ABC für Freie
a – MÄCHTE und GEWALTEN nehmen gefangen	A – CHRISTUS befreit
b – GESETZ gibt Regeln und Gebote	B – gelebte und erlebte GNADE
c – MENSCHLICHES BEMÜHEN bringt auch etwas	C – vertrauender GLAUBE

Wir sind in dieser Welt von *Mächten und Gewalten* getrieben, teilweise gar gefangen durch sie. Das können die Termine in unserer Agenda sein, ein für uns ganz wichtiges Ziel, oder ein Minderwertigkeitsgefühl, das uns umtreibt. Das kann Sexualität, Geld oder auch Macht sein, die uns gefangen nehmen, uns in unseren Entscheidungen leiten und bestimmen. Das kann eine familiäre Prägung sein, oder auch eine religiöse Anforderung, wie Paulus sie für die Christen in Galatien befürchtet. Das kann so vieles sein.

Welche Mächte und Gewalten uns auch immer bewegen und gefangen halten, sie führen zu einem Lebensmuster, in dem wir gefangen sind. Es kann auch sein, dass wir aus diesem Lebensmuster herausgefunden haben und Befreiung erlebt haben. Aber manchmal, wenn wir in Stress geraten, meldet sich dieses frühere Lebensmuster wieder. Es holt uns ein. Dann geht es uns wie Adam und Eva. Enttäuscht über unser Verhalten ziehen wir uns zurück, verstecken uns. Dann brauchen wir jemanden, der uns aus dem Versteck herausholt.

Bei Adam und Eva wird erzählt, dass Gott selbst sich aufmacht, sie sucht und aus ihrem Versteck herausholt. Gott wendet sich den Menschen zu. Er sucht die Begegnung mit Adam und Eva, mit Kain – das sind wichtige Schlüsselerzählungen für den Glauben.

Wer hier sorgfältig hinhört, kann viel über menschliches Verhalten erkennen und auch darüber, wie Gott mit uns Menschen umgeht.

Es ist beachtenswert wie Gott sich Kain zuwendet, der sich nach dem Mord an seinem Bruder ins Abseits manövriert hat. Gott macht Kain deutlich, dass er die Konsequenzen seines Handelns tragen muss. Kain kann nicht dableiben, wo er bisher gelebt hat. Er muss von dort weg. Aber

Gott macht ihm ein Zeichen auf die Stirn, das bedeutet, dass sich niemand an ihm rächen darf.

Das ist Gnade. Das ist Zuwendung, auch gegenüber dem Mörder. Er muss die Folgen seines Handelns erleben, aber er bleibt geliebt und geschützt. Er kann nicht einfach weitermachen als hätte sein Handeln keine Auswirkungen. Er kann nicht einfordern, dass man ihm vergibt und ihn so sein lässt, wie er halt ist.

Übrigens, gute Kinderbibeln erzählen die Geschichte von Kain und Abel bis zum Zeichen, das Gott Kain auf die Stirn macht. Wenn die Geschichte nur bis zum Brudermord erzählt wird, ist Kain stets der Böse und Abel der Gute. Diese Gegenüberstellung stützt dann, meist unbewusst, das Schema eines gesetzlichen Glaubens. Das Gebot, das durch die Erzählung vermittelt wird, heißt dann: »Sei lieb wie Abel, nicht böse wie Kain.« So wird Kain verurteilt und abgeschrieben. Aber gerade das wurde er durch Gott nicht. Kain musste die Folgen seines Handelns tragen. Aber er erhielt ein ihn schützendes Zeichen von Gott, so dass sich niemand an ihm rächen durfte. Das ist die Gnade: die Zuwendung, die Gott schenkt. Sie leuchtet schon im Alten Testament auf. Gottes gnädige Zuwendung und vertrauender Glaube sind schon im Alten Testament Thema, nicht erst im Neuen Testament.

Gottes Zuwendung und allzu menschliches Verhalten leuchten in all diesen Schlüsselerzählungen auf. Genau daran knüpft Paulus an.

Was immer die Mächte und Gewalten sind, die uns erfassen und gefangen nehmen, sie sind eine Wirklichkeit, die sehr bestimmend sein kann. Aber Paulus hält fest: Sie sind ein Thema der alten Ordnung, d.h. sie haben nicht das letzte Wort und nicht die letzte Macht.

Ein zweites Thema der alten Ordnung ist das *Gesetz*, all die Regeln und Gebote. Sie helfen, wenn sie eingehalten werden, dass Leben geschützt wird, aber sie können nicht befreien von dem, was Menschen gefangen hält. Sie haben keine erlösende Kraft.

In der Corona Zeit wurde uns das täglich bewusst. Die Corona-Regeln können Leben schützen, aber sie können nicht vom Virus befreien. Wir brauchen etwas Anderes als Regeln und Gebote, damit wir leben können. Davon wird Paulus noch schreiben.

Das dritte Thema, das in der alten Ordnung wichtig ist, kennen wir auch. Dafür sind wir tüchtigen Schweizerinnen und Schweizer auch anfällig: *menschliches Bemühen*. »Ja, man muss sich doch auch ein wenig Mühe geben. Schließlich bringt das dann auch etwas.« Solche oder ähnliche Stimmen haben wir alle schon gehört. Auch davon wird Paulus noch schreiben.

In seinen Bemühungen um die Christen in Galatien bleibt Paulus bei der Schlüsselerzählung von Abraham, Sarah, Hagar, Ismael und Isaak. Er kann damit zwei verschiedene Welten aufzeigen. Die eine Welt ist »Das kleine abc für Gefangene« und die andere Welt »Das große ABC für Freie«.

Die beiden Welten, so zeigt Paulus, werden in den Geschichten der Nachkommen von Abraham deutlich. »Der Sohn der Sklavin verdankte sein Leben den menschlichen Kräften« (Galater 4,23). Ismael war das Ergebnis menschlichen Bemühens. »Der Sohn der Freien verdankte es (sein Leben) der Zusage Gottes« (Galater 4,23). Isaak war das Ergebnis des Vertrauens auf Gottes Verheißung. Für Paulus ist klar, in welcher der zwei Welten die viele Christen leben. Paulus bewegt seine Leserinnen und Leser mit Hilfe von ihnen vertrauten Erzählungen, nachzudenken, damals und heute.

VIDEOCLIP
zu diesem
Kapitel

VII

nachdrücklich

*Begreift doch, Brüder und Schwestern:
Wir sind nicht Kinder der Sklavin,
sondern der Freien!*
Galaterbrief 4,31

Die Geschichte von Abraham, Sarah und Hagar gehört zu den Geschichten, die gut bekannt und gut in der jüdischen Kultur verankert sind. So war sie auch den Christen, die aus der jüdischen Kultur kamen, vertraut. Sie haben diese Geschichte mit ihrem Gesetzes-Glauben gelesen. Darum erschlossen sich ihnen die in diesen Erzählungen tiefer liegenden

Wahrheiten nicht so leicht. Paulus bemühte sich deshalb nachdrücklich, den Christen in Galatien gerade die tiefen liegenden Wahrheiten zu erschließen und sie auf sich selbst zu beziehen.

Brüder und Schwestern, ihr verdankt wie Isaak euer Leben der Zusage Gottes. (Galater 4,28)

Wir alle verdanken unser Leben nicht uns selbst, sondern anderen Menschen. Dies wird uns früher oder später bewusst.

So ist es auch mit dem neuen geistlichen Leben, in das wir hineingeboren wurden. Wir verdanken viel davon anderen. Vielleicht sind wir schon als Kind durch eine gesunde religiöse Erziehung in dieses neue Leben hineingeführt worden. Vielleicht war die eigene religiöse Erziehung aber auch eher von Ängstlichkeit und Einschüchterung geprägt. Dann war diese Art religiösen Lebens gerade nicht das Leben, um das es Paulus geht. Solche religiöse Erziehung war vielleicht gut gemeint, aber sie war nicht gut.

Die Gute Nachricht ist nicht gut gemeint, sie ist gut. Christus hat uns befreit. Alles, was Gott in Christus getan hat, ist gültig, auch für uns. Wir müssen nicht gefangen bleiben in dem, wovon wir geprägt wurden. Wir müssen nicht gefangen bleiben in der Kultur, in der wir leben. Wir müssen beispielsweise in der Schweiz nicht wie die Schweizerinnen und Schweizer leben, die den Eindruck haben, dass die Menschen in den umliegenden Ländern eine Gefahr für sie sind und sie sich darum vor ihnen fürchten. Wir müssen vor Nachbarn keine Angst haben. Wir müssen nicht befürchten, dass wir zu kurz kommen. Das mag eine Prägung sein, die in der Schweiz immer wieder sichtbar wird. Aber von dieser Prägung müssen wir nicht bestimmt bleiben. Im Reich Gottes, in der Verbindung mit Gott, kommt niemand zu kurz. Gott weiß, was wir brauchen. Wir kriegen, was wir brauchen. Und sollten wir in diesem Vertrauen gleichwohl in Nöte kommen, oder sollten wir gar sterben müssen, werden wir anders sterben können als die Menschen, die ohne dieses Vertrauen leben.

Unser Leben, auch unser Leben in der Verbindung mit Christus, verdanken wir Gott, nicht uns selbst. Nicht weil wir uns dieses neue Leben erarbeitet haben und als Leistung vorweisen können, haben wir es. Es ist vielmehr unsere Antwort auf das, was Gott zuvor gewirkt hat. Wenn Christen sagen, sie haben sich für Jesus entschieden, hört sich das manchmal wie eine Glaubensleistung an. Es schwingt da so etwas mit, als wären sie mit Gott jetzt einen Deal eingegangen, so im Sinne von: »Ich habe mich jetzt für ihn entschieden, jetzt soll er sich mir auch entsprechend zuwenden.« Eine solche Haltung ist keine angemessene Antwort auf die Gute Nachricht. Sie entspricht eher der Antwort in Religionen, die auf menschliches Bemühen bauen. Eine solche Haltung hat etwas Überhebliches. Gott steht nicht in der Pflicht, sich uns zeigen zu müssen. Gott kann sich zeigen, wie Gott will. Wenn Gott sich zeigt und mich dadurch bewegt, dann öffnet sich mir die Möglichkeit, darauf mit vertrauendem Glauben zu reagieren, mich mit Jesus zu verbinden und in dieser Verbindung anders zu leben als bisher. So entsteht ein Glaube, der in einer Beziehung, nicht in einem Deal gründet.

In einer Beziehung gibt es verschiedene Zeiten. Da gibt es leichte und beglückende Tage. Es gibt aber auch schwere und bedrängende Tage. Im vertrauenden Glauben ist es auch so. Es gibt ein Auf und Ab, ein Hin und Her, und manchmal geht es einfach eine ganze Zeit einfach so dahin. Das war auch schon bei Abraham und Sarah nicht anders. Darauf will Paulus hinaus, wenn er auf die beiden hinweist.

Wer bei Abraham und seiner Familiengeschichte genauer hinhört, entdeckt, dass Abraham gar nicht so ein super Glaubensheld war, als den viele ihn sehen. Er und Sarah waren vielmehr so, wie wir auch sind. Sie waren im Vertrauen mit Gott unterwegs und immer wieder auch von eigenem, menschlichem Bemühen bewegt.

Als es darum ging, in welches Land sie mit ihren Herden ziehen wollten, bot Abraham seinem Neffen Lot an zuerst zu wählen. Wenn dieser ins saftige, grüne Land, unten in der Flusslandschaft, ziehen würde, ginge Abraham ins Gebirge, ins steinige Land.

In dieser Wahl werden wieder die zwei unterschiedlichen Haltungen in den zwei Ordnungen deutlich. Menschliches Bemühen, menschliche Logik und menschliche Erfahrung sagen: Wenn ich schon wählen kann, dann nehme ich doch das fruchtbare Land in der Flusslandschaft.

Am Beispiel dieser Landfrage wird sichtbar, nach welchen Kriterien wir Menschen üblicherweise entscheiden. Abraham entschied hier anders. Er blieb im Vertrauen auf Gott. Er hatte die Verheißung, dass Gott ihn führen werde. Er verließ sich darauf und vertraute, dass er schon in das Land geführt würde, welches gut für ihn und seine Familie sein wird. So überließ er Lot das fruchtbare Land und rettete ihn auch aus jener Gegend, als Lot in Bedrängnis kam, in Sodom und Gomorra.

Beim Thema »Land« werden die zwei gegensätzlichen Welten deutlich: Was würden wir aus menschlicher Sicht tun? Was tun wir im Vertrauen auf Gottes Zusage?

Auch beim Thema »Nachkommen« werden die zwei Welten sichtbar. Abraham und Sarah hatten die Verheißung von Gott für einen Nachkommen. Sarah war schon älter und rechnete nicht mehr mit einer Schwangerschaft. 12 Jahre nachdem sie die Verheißung eines Nachkommen erhalten hatten, war immer noch nichts passiert. So machten Abraham und Sarah, was wir wohl auch tun würden: Auf unseren eigenen Verstand zurückgreifen. Gott hat uns ja einen Verstand gegeben. Wir können darum auch ein wenig überlegen, was zu tun ist.

Abraham und Sarah taten, was in ihrer Kultur üblich war. Wenn eine Frau keine Kinder bekommen konnte, dann sollte man mit einer Nebenfrau Nachkommen zeugen. Nachkommen sicherten den Fortbestand der Familie, halfen bei der Ernährung und waren in jener Zeit auch die Unterstützung im Alter. Ohne Nachkommen bestand die reale Gefahr, hungern zu müssen und sehr arm zu werden. Abraham und Sarah taten, was nach den Regeln und Geboten und nach menschlicher Erfahrung üblich und sinnvoll war: Sie zeugten einen Nachkommen. So kam Ismael durch Abraham und Hagar in die Familie.

Nicht verwunderlich entstanden daraus auch Spannungen. Diese familiäre Situation war die Lösung aufgrund menschlichen Bemühens. Dieses Bemühen war nicht gegen Gottes Willen. Das ist ja gerade das Verzwickte hier. Sie hatten doch die Zusage Gottes, seine Verheißung. Und da Gott bis jetzt noch nicht gehandelt hatte, war es doch an der Zeit, dass sie selbst aktiv wurden und im Sinne Gottes handelten. Das war ganz nah an dem dran, was die Zusage beinhaltete, aber dennoch hatten sie mit dieser Vorgehensweise Gott das Anliegen aus der Hand und in die eigenen Hände genommen.

Das kennen wir doch. Wir haben eine Verheißung, eine Zusage für unser Leben, dass dies oder jenes geschehen wird. Jemand hat einem das zugesagt oder man hat einen prophetischen Eindruck erhalten durch Hörendes Gebet oder prophetisches Dienen. Oder ein Bibelwort hat eine so deutlich angesprochen, dass man weiß: Hier geht es um mich. Und dann dauert es, nicht nur ein paar Wochen oder Monate, sondern Jahre. Es scheint nicht voranzugehen mit diesem Thema. So kommt der Gedanke auf, dass Gott wahrscheinlich will, dass wir das selbst in die Hand nehmen. Wir kommen auf die gleiche Spur, die Abraham, Sarah und Hagar gewählt haben.

Abraham und Sarah erlebten schon einmal eine ähnliche Herausforderung, als sie wegen einer Hungersnot nach Ägypten ausweichen mussten. Abraham war sich bewusst, dass Sarah eine schöne Frau war und in der Fremde sicher auffallen würde. Er befürchtete, dass er umgebracht werden könnte, damit Sarah dann in der Fremde die Frau von mächtigen Männern, wie dem Pharao, werden könnte. Darum beschloss er, Sarah vor dem Pharao als seine Schwester auszugeben. So wollte er sich beschützen. Befürchtungen, die angesichts der Mächte und Gewalten, die in seiner Kultur üblich waren, durchaus realistisch waren, nahmen Abraham gefangen.

Doch gerade, weil Abraham Sarah als seine Schwester ausgab, nahm der Pharao sie ihm weg. Der Pharao äußerte sich später sehr enttäuscht darüber, dass Abraham ihm nicht die Wahrheit gesagt hatte. Hätte er gewusst, dass sie seine Frau ist, hätte er sie nicht genommen. Abraham hatte ganz menschlich gehandelt.

Auch als die Spannungen zwischen Hagar und Sarah wegen Ismael zu groß wurden, handelte Abraham ganz menschlich. Den Rat von Sarah, Hagar wegzuschicken, befolgte er. So sollte es wieder Ruhe geben im Haushalt. Und was tat Gott? Er sorgte für Essen, als Hagar in Not geriet, und gab Ismael eine Verheißung. Es war die gleiche Verheißung, unter der auch Isaak stand: »Aus dir wird ein großes Volk werden.«

Gott wendet sich auch den Menschen zu, die durch unser zu menschliches Verhalten unsere Lebenswege etwas komplizierter werden lassen. Sie werden nicht Beschuldigte, sondern auch Gesegnete. Gott ist ein Gott, der befreit und ein Gott, der sich Menschen gnädig zuwendet.

Paulus wählte die Geschichte von Abraham und Sarah als Bezugspunkt für seine Argumente, weil in ihr die tiefliegenden Wahrheiten zu finden sind, denen wir im Leben begegnen. Ein wirklich weises Vorgehen.

Paulus zeigte an der Geschichte mit Ismael und Isaak genau die zwei Welten auf, um die es ihm in der Auseinandersetzung mit den Christen in

Galatien ging. Das ist die Auseinandersetzung, die bis heute immer wieder unter Christen auftaucht.

Da sich die Christen in Galatien gesetzlicher Frömmigkeit zugewandt hatten, versuchte Paulus ihnen aufzudecken, dass auch in den Schriften des Gesetzes schon diese beiden Arten mit Gott zu leben, deutlich hervortreten. Es geht um die zentrale Frage:

Geht es darum, nach Geboten und nach der Prägung der Kultur zu leben, oder geht es darum, aufgrund der Zuwendung Gottes und durch vertrauenden Glauben zu leben?

So wie Abraham und Sarah geht es uns Menschen bis heute. Erst warten wir, haben Vertrauen in Gott. Doch wenn das Warten zu lange wird, dann beginnen wir eigenmächtig zu handeln. Wir wollen ja nicht als faul gelten und einfach nichts tun. So mischen wir uns in Gottes Wirken ein und es wird komplizierter – eher für uns als für Gott. Gott kann auch aus dem, was wir verursacht haben und komplizierter gemacht haben, viel Segensreiches werden lassen.

Hagar und Ismael werden gesegnet. Sarah und Isaak werden gesegnet. Abraham wird gesegnet, auch wenn er zwischendurch eher ein Angsthase war als ein Held. Gott kann aus jeder Geschichte eine Segensgeschichte werden lassen. Das ist sehr tröstlich und ermutigend.

Vertrauender Glaube öffnet immer wieder die Türe zu neuen segensreichen Erfahrungen mit Gott. Auswirkungen von eigenmächtigem Handeln müssen wir schon tragen, aber wir sind immer geliebt. Gott bleibt uns zugewandt. Das müssen wir nicht anzweifeln.

Zudem können wir die Beziehung mit Gott immer wieder aufnehmen. Wir werden nie abgewiesen. Auch Gott sucht uns und holt uns aus unseren Verstecken hervor, sei es durch besondere Ereignisse, durch Menschen, durch übernatürliche oder ganz natürliche Erlebnisse.

Mächte und Gewalten, Regeln und Gebote und menschliches Bemühen, das sind die Merkmale der einen Ordnung. Befreiendes Handeln durch Gott, gnädige Zuwendung und vertrauender Glaube sind die Merkmale der anderen Ordnung. Beide kamen schon im Leben von Abraham und Sarah vor. Beide Lebensweisen kommen auch in unserem Leben vor.

Durch Christus sind die Merkmale der neuen Ordnung Gottes markant und eindrücklich für alle Menschen sichtbar geworden, egal in welcher Kultur sie leben.

Begreift doch, Brüder und Schwestern: Wir sind nicht Kinder der Sklavin, sondern der Freien!
(Galater 4,31)

Paulus will den Christen in Galatien deutlich machen, dass sie in der neuen Ordnung Gottes leben. Darum greift er so ausdrücklich auf die Geschichte von Abraham, Sarah und Hagar zurück.

»Begreift doch …!« Diese Bitte, ja diese Aufforderung, klingt durch Paulus Zeilen bis in unsere heutigen Herausforderungen hinein.

❖ ❖ ❖

VIDEOCLIP
zu diesem
Kapitel

VIII

zuversichtlich

*Weil ich mit Christus, dem Herrn, rechne,
bin ich zuversichtlich, dass ihr zur gleichen
Überzeugung kommen werdet.
Galaterbrief 5,10*

Paulus nahm Bezug zu den Personen, die für die jüdisch geprägten Gläubigen wegweisend waren: Abraham, Sarah, Hagar, Ismael und Isaak. Wer sich auf diese Erzählungen einlässt, merkt schnell, dass da Wegweisendes für Menschen aller Kulturen drinsteckt. Besonders im Licht der Guten Nachricht erhalten diese

Erzählungen nochmals eine besondere Strahlkraft.

> *Wir sind nicht Kinder der Sklavin, sondern der Freien! Christus hat uns befreit; er will, dass wir jetzt auch frei bleiben.* (Galater 4,31 und 5,1)

Wir Menschen können in Abhängigkeit gefangen bleiben oder wir können in Freiheit leben. Können wir auch in Freiheit bleiben?

Durch Christus sind wir befreit. Das steht fest. Das ist die Ausgangslage für neues Leben. Die Gefangenschaft ist beendet. Die Türe des Raumes, in dem wir gefangen waren, ist geöffnet worden. Wir sind hinausgetreten und haben erste Schritte in der neuen Freiheit gewagt. Doch da kommen Menschen, die uns weismachen wollen, dass es doch noch etwas braucht, um es recht zu machen. Aber Achtung! Es recht machen wollen, das ist die Haltung der alten Ordnung. Wer diese Haltung mitnehmen will in die neue Wirklichkeit, der verliert gerade diese neue Wirklichkeit und findet sich in der alten wieder.

> *Steht also fest und lasst euch nicht wieder ins Sklavenjoch einspannen! Ich, Paulus, sage euch mit aller Deutlichkeit: Wenn ihr euch beschnei-*

den lasst, dann wird Christus und alles, was er gebracht hat, für euch nutzlos sein.

(Galater 5,1–2)

Es ist nicht möglich, sich in beiden Räumen gleichzeitig aufzuhalten. Wer wieder zurück geht in die frühere Wirklichkeit, für den ist die befreite Lebensweise, die Christus eröffnet hat, nicht mehr vorhanden. Da liegt der Knackpunkt. Darum setzt Paulus nochmals nach:

Ich sage noch einmal mit Nachdruck jedem, der sich beschneiden lässt: Er verpflichtet sich damit, das ganze Gesetz zu befolgen. Wenn ihr wirklich vor Gott als gerecht bestehen wollt, indem ihr das Gesetz befolgt, habt ihr euch von Christus losgesagt und die Gnade vertan. *(Galater 5,3–4)*

Da ist er wieder, der Bezug zu den zwei Kernthemen Christus und Gnade. Diesmal, weil Christus und die Gnade aus der Hand gegeben werden. Man trennt sich von der Verbindung mit Christus und greift daneben. Man hat sich vertan. Jetzt geht es wieder ums »Richtigmachen«, »sich Mühe geben«, es aus eigener Kraft »so gut es geht« zu machen. Es ist wieder ein Leben, in dem man gefangen ist mit einem andauernden Defizit. Es genügt dann nie ganz, was wir tun. Wir bleiben immer hinter dem zurück, was sein sollte. Dem gegenüber ist das Leben in Freiheit etwas ganz Anderes. Paulus beschreibt es schlicht und eindrücklich:

> *Wir dagegen leben aus der Kraft des Heiligen Geistes und setzen alles auf Glauben und Vertrauen, und so erwarten wir das Ziel, auf das wir hoffen dürfen: dass wir vor Gott als gerecht bestehen und das Heil erlangen werden. Wo Menschen mit Jesus Christus verbunden sind, zählt nicht, ob jemand beschnitten ist oder nicht. Es zählt nur der vertrauende Glaube, der sich in tätiger Liebe auswirkt.* (Galater 5,5–6)

Welche radikal andere Perspektive eröffnet sich hier. In der Verbindung mit Christus zählt nur der vertrauende Glaube. Alles andere braucht es nicht. Alles andere würde diese neue Wirklichkeit verhindern und zerstören. Nur der vertrauende Glaube, das ist die Haltung, die im Innern eines Menschen geweckt wird. Von da aus wird sie sich in Körper, Geist und Seele auswirken. Man erkennt diese innere Verwandlung daran, dass sie sich in tätiger Liebe zeigt.

Christen, die von der alten Wirklichkeit geprägt oder gar gefangen sind, hören diesen Satz von Paulus manchmal verkehrt. Sie hören, dass es um tätige Liebe geht. Sie ist das Zeichen des vertrauenden Glaubens. Also bemühen sie sich um diese tätige Liebe. Aber so herum finden sie nicht vertrauenden Glauben. Sie bleiben leer. Durch ihre tätige Liebe erwarten sie etwas zurück, von Menschen, von Gott oder von beiden. So bleiben Menschen gefangen in ihren Erwartungen. So erfahren sie den vertrauenden Glauben nicht. Nicht durch das, was wir tun, wird die befreite Wirklichkeit sichtbar, sondern durch das Vertrauen in das, was Christus für uns getan hat, handeln wir in tätiger Liebe. Dadurch wird die befreite Wirklichkeit sichtbar. Folglich rechnet diese tätige Liebe nicht mehr mit einem Rücklauf. Sie fließt hinaus, so wie Wasser aus einer Quelle fließt.

Paulus redet nicht von etwas Unbekanntem für die Christen in Galatien. Sie kamen so gut voran, im Leben mit vertrauendem Glauben. Er wurde sichtbar in ihrer tätigen Liebe. Aber dieser Strom aus der Quelle wurde aufgehalten, das ist für Paulus klar. Und nun lassen sich diese Christen sozusagen umlenken und wollen den bisherigen Weg nicht mehr beibehalten.

Ihr kamt so gut voran! Wer hat euch aufgehalten, dass ihr der Wahrheit nicht mehr folgen wollt?
(Galater 5,7)

Hier wurde ein Thema zum Kernthema, das nicht von Gott kommt. Paulus schreibt es nochmal klipp und klar.

Das, was man euch da einreden will, kommt nicht von Gott, der euch berufen hat. Denkt daran: »Ein klein wenig Sauerteig macht den ganzen Teig sauer.« *(Galater 5,8-9)*

Es braucht nur wenige Stimmen, die mit einem solch »ergänzenden« Thema auftauchen. Sie verändern die Atmosphäre einer ganzen Gemeinschaft. Man könnte verzweifeln und hilflos werden, wenn man erleben muss, wie eine Gemeinschaft durch solche Menschen vergiftet wird. Doch mitten in dieser bedrohlichen Situation kann Paulus auf das zurückgreifen, was er auch anderen Menschen immer wieder vor Augen gestellt hat: vertrauenden Glauben in Christus.

Weil ich mit Christus, dem Herrn, rechne, bin ich zuversichtlich, dass ihr zur gleichen Überzeugung kommen werdet. (Galater 5,10)

Obwohl er alle seine Argumente, all seine Gelehrsamkeit aus der Schrift, einsetzt, rechnet er in seinen Bemühungen damit, dass es Christus selbst sein wird, der in seinen Briefempfängern wirken wird. Christus wird bewirken, dass sie auch zu der Überzeugung kommen werden, die Paulus ihnen erneut vor Augen stellt. Paulus hatte selbst erlebt, wie Christus ihn vor Damaskus so unerwartet und dramatisch ansprach. Schritt um Schritt war er danach zu einer neuen Überzeugung gekommen, die nun sein ganzes Engagement bestimmte.

Für sich stark bemühende Gläubige ist es anstößig, dass sie allein durch vertrauenden Glauben auf das, was am Kreuz geschah, zu einer neuen Lebensweise befreit werden. Sie müssen Glauben nicht durch ihre eigenen Kraftanstrengungen leben. Anstößig für sie ist nicht das, was am Kreuz geschah, sondern dass <u>allein</u> vertrauender Glaube das neue Leben eröffnet und ermöglicht. Zu sehr sind sie es gewohnt, dass man doch auch etwas dazu machen muss und machen will.

Meine Brüder und Schwestern, wenn ich selbst fordern würde, dass Christen sich beschneiden lassen müssen, wie manche mir unterstellen: Warum werde ich dann noch verfolgt? Dann wäre ja der Stein des Anstoßes beseitigt, dass wir allein durch das gerettet werden, was am Kreuz für uns geschehen ist. *(Galater 5,11)*

Paulus will die Aufmerksamkeit weglenken von den Leuten, die Verwirrung stiften. Diese Leute werden ihr Urteil empfangen. Da ist er zuversichtlich. Man kann sie Gottes Urteil überlassen. Paulus weist sie zurecht, aber nicht ohne ihnen noch eine deftige Bemerkung nachzuschicken.

Die, die euch irremachen, werden ihr Urteil empfangen, ganz gleich, wer sie sind ... Wenn die Leute, die euch aufhetzen, schon so viel Wert aufs Beschneiden legen, dann sollen sie sich doch gleich kastrieren lassen! *(Galater 5,10 und 12)*

Paulus hat seinen kämpferischen Charakter mitgenommen in seine neue Lebensweise. Er kann pointiert Stellung nehmen. Er kann aufrütteln und wachrütteln. Er kann liebevoll werben und einleuchtend argumentieren. Er kann auch kommentieren und brüskieren. Paulus ist kein perfekter Christ, denn darum geht es ja gar nicht. Er ist ein Mensch, durch den Gott wirkt. Ihm geht es darum, dass Menschen, die aus einem anderen kulturellen Hintergrund Christus finden, nicht durch anders geprägte Christen verwirrt werden. Sie sollen allein durch vertrauenden Glauben ihre Befreiung annehmen und anfangen darin zu leben.

Jetzt, da dieses Fundament des neuen Lebens klar herausgearbeitet und festgehalten ist, kann Paulus es wagen, auch auf das hinzuweisen, was ihnen in dieser Freiheit ein Bein stellen könnte.

Gott hat euch zur Freiheit berufen, meine Brüder und Schwestern! Aber missbraucht eure Freiheit nicht als Freibrief zur Befriedigung eurer selbstsüchtigen Wünsche, sondern dient einander in Liebe. (Galater 5,13)

Freiheit kann missbraucht werden. »Frei sein statt versklavt sein« ist das erste Thema, um das es geht, wenn gesetzliche Gläubige ihre Stimme erheben. Wenn klar ist, dass wir befreit sind und als freie Menschen leben, dann lauert eine neue Falle auf dem Weg. Weil wir frei sind, kann es geschehen, dass wir diese Freiheit missbrauchen, um die Befriedigung unserer selbstsüchtigen Wünsche zu rechtfertigen. Paulus lässt hier nicht locker. Noch besteht die Gefahr vom Weg abzukommen. Denn wir sind nicht befreit, um zu tun, was wir wollen. Wir sind befreit, um einander in Liebe zu dienen.

Wer seine Freiheit missbraucht für seine selbstsüchtigen Wünsche, der dreht sich immer noch um sich selbst. Zwar nicht mehr mit der Bemühung, alles richtig zu machen, aber mit dem Fokus das zu tun, was er oder sie will, unabhängig davon, was dies für Auswirkungen auf andere hat.

Wer Freiheit zum obersten Ziel erklärt, hat noch nicht gemerkt, dass Freiheit an sich nicht das Ziel ist. Einander in Liebe dienen zu können, darauf zielt die Befreiung durch Christus, Gnade und vertrauenden Glauben. Denn wer Mitmenschen lieben kann, erfüllt das Gesetz, ohne dass er sich um jedes Detail des Gesetzes kümmern muss. Tätige Liebe fließt aus vertrauendem Glauben.

Das ganze Gesetz ist erfüllt, wenn dieses eine Gebot befolgt wird: »Liebe deinen Mitmenschen wie dich selbst.« (Galater 5,14)

Noch einmal benutzt Paulus kräftige Bilder und deutlich zu machen, um was es geht. Anscheinend ging es unter den Christen in Galatien auch mal heftig hin und her.

> *Wenn ihr einander wie wilde Tiere kratzt und beißt, dann passt nur auf, dass ihr euch nicht gegenseitig verschlingt! Ich will damit sagen: Lebt aus der Kraft, die der Geist Gottes gibt; dann müsst ihr nicht euren selbstsüchtigen Wünschen folgen.* (Galater 5,15–16)

Könnte es sein, dass heftige Auseinandersetzungen darauf hinweisen, dass Menschen gerade ihre selbstsüchtigen Wünsche verteidigen oder verwirklichen wollen? Es ist nicht immer leicht, Paulus zu hören, wenn er so unerwartet deutlich eine Schicht tiefer stößt, als wir gerade denken. Aber wo er recht hat, da hat er recht. Man muss es ihm früher oder später zugestehen.

Es geht nicht darum, wenn auch auf ganz freundliche Art, die eigenen Wünsche zu verfolgen. Das wäre wieder eigenes menschliches Bemühen. Es geht darum, aus der Kraft, die der Geist Gottes gibt, zu leben. Aus der Kraft zu leben, die man durch Gottes Geist empfängt, heißt als Beschenkte zu leben, nicht als solche, die sich etwas holen müssen. Beschenkte, die befreit sind, teilen und dienen in Liebe. Denn sie kennen die Erfahrung, dass ihre Kraft immer wieder erneuert wird. Sie sind wie eine Quelle, die nie versiegt. Denn es ist Gottes Kraft, die durch sie hinaus fließt, in Form von tätiger Liebe und dienender Freude. Es sind zwei gegensätzliche Kräfte, die in uns Menschen wirken können. Paulus kann sie beschreiben.

Die menschliche Selbstsucht kämpft gegen den Geist Gottes und der Geist Gottes gegen die menschliche Selbstsucht: Die beiden liegen im Streit miteinander, sodass ihr von euch aus das Gute nicht tun könnt, das ihr doch eigentlich wollt. Wenn ihr euch aber vom Geist Gottes führen lasst, dann steht ihr nicht mehr unter dem Gesetz, das euch diesem Widerspruch ausliefert.
(Galater 5,17–18)

Wie kann man dem Geist Gottes Raum geben? Indem man sich von ihm führen lässt, sagt Paulus. Wie lässt man sich von Gottes Geist führen? Dazu sagt Paulus noch nichts. Er nennt zuerst Merkmale, die sichtbar werden und Hinweise darauf sind, welche Kraft am Wirken war.

Was die menschliche Selbstsucht hervorbringt, ist offenkundig, nämlich: Unzucht, Verdorbenheit und Ausschweifung, Götzenanbetung und magische Praktiken, Feindschaft, Streit und Rivalität, Wutausbrüche, Intrigen, Uneinigkeit und Spaltungen, Neid, Trunk- und Fresssucht und noch vieles dergleichen. Ich warne euch, wie ich es schon früher getan habe: Menschen, die solche Dinge tun, werden nicht erben, was Gott versprochen hat; für sie ist kein Platz in Gottes neuer Welt. (Galater 5,19–21)

Der Geist Gottes dagegen lässt als Frucht eine Fülle von Gutem wachsen, nämlich: Liebe, Freude und Frieden, Geduld, Freundlichkeit und Güte, Treue, Bescheidenheit und Selbstbeherrschung. Gegen all dies hat das Gesetz nichts einzuwenden. Menschen, die zu Jesus Christus gehören, haben ja doch ihre selbstsüchtige Natur mit allen Leidenschaften und Begierden ans Kreuz genagelt.
(Galater 5,22–24)

An den Auswirkungen kann man die Kraft erkennen, die in Menschen wirkt. Was Paulus hier aufzählt, lässt sich in persönlichem Verhalten, in Beziehungen, in Gemeinschaften und in ganzen Gesellschaften wahrnehmen. Wenn z. B. Feindschaft, Streit, Rivalität zum Ausdruck kommen, hat dies sehr schmerzliche Folgen für alle Betroffenen. Schon in persönlichen Beziehungen verursacht es viel Leid und Not. Wenn ganze Gesellschaften davon erfasst werden, wächst das Leid und die Not unermesslich. Die Tragödien durch den Holocaust, durch die Apartheid und jetzt, zu unserem Erschrecken, in der Ukraine, machen uns das schmerzlich bewusst. Es wird Leben zerstört. Es werden Wunden hinterlassen, über Generationen. Oft bezahlen dabei auch unschuldige Menschen für die menschliche Selbstsucht von anderen. Gleichzeitig erwachen in solchen Notsituationen auch die Auswirkungen von Gottes Geist. Liebe, Frieden, Freundlichkeit, Güte werden gelebt, oft inmitten von großem Leid.

Durch den Geist Gottes wirkt eine andere Kraft als durch die menschliche Selbstsucht. Der Unterschied ist frappant. Diese beiden Kräfte wirken sehr unterschiedliche Frucht. Es kann uns nicht gleichgültig sein, welche Frucht wächst. Denn diese Früchte haben Auswirkungen, entweder heilend, hin zu mehr Leben, oder sie wirken zerstörend, hin zu mehr Tod. An den Früchten können wir erkennen, was für ein Geist am Wirken ist.

Die Kraft der menschlichen Selbstsucht kann in die Sucht führen. Diese kann uns so gefangen nehmen, dass wir erst durch heilende Gemeinschaft die Unterstützung finden, die uns vertrauenden Glauben wagen lässt. Vertrauenden Glauben darauf, dass Christus uns befreit hat und sich mit uns verbinden will. Darin zeigt sich die zuwendende Art der Gnade. Wer darauf vertraut, erlebt wie heilende Gemeinschaft der Raum für Gottes Geist ist, in dem Menschen sich von diesem Geist führen lassen können. So wächst das neue Leben, das wir durch Christus haben und durchdringt immer mehr Bereiche unseres Lebens.

Aus diesem neuen Geist heraus, der durch vertrauenden Glauben Raum bekommt, wollen wir unser Leben führen, »wollen wir« – so formuliert Paulus. Es geschieht nicht einfach dadurch, dass wir auf dem Sofa sitzen, abwarten und beobachten was da jetzt außerhalb von uns geschieht. Es passiert dadurch, dass wir wollen. Aber dieses Wollen zielt nicht darauf, dass wir die Frucht des Geistes selbst machen wollen.

Frucht macht man nicht, Frucht erntet man. Wir kümmern uns um den Boden. Wir bearbeiten den Boden. Wir pflegen den Boden. Wir düngen den Boden. Wir säen in den Boden. Dann, wenn eine gewisse Zeit vergangen ist, wächst die Pflanze. Und wenn noch mehr Zeit vergangen ist, wächst auch die Frucht.

Es geht nicht darum untätig zu sein. Es geht nicht darum, an der Frucht herumzubasteln, sondern dem Boden Sorge zu tragen und der Frucht Zeit zu lassen. Wie das ausschaut, wenn wir den Boden pflegen, das beschreibt Paulus im letzten Abschnitt des Briefes.

VIDEOCLIP
zu diesem
Kapitel

IX

unermüdlich

*Wir wollen nicht müde werden zu tun,
was gut und recht ist.
Denn wenn die Zeit da ist,
werden wir auch die Ernte einbringen;
wir dürfen nur nicht aufgeben.
Galaterbrief 6,9*

Für Paulus steht fest: Wir haben ein neues Leben. Statt aus dem Antrieb durch menschliche Selbstbezogenheit zu leben, leben wir mit dem Ansporn, den Gottes Geist in uns bewirkt. Es geht dabei nicht darum, den eigenen Willen zu unterdrücken. Es geht vielmehr darum zu erkennen und dann zu wollen, was Ausdruck von Gottes Geist ist. Wir bleiben in unserem Leben Ausführende. Fragt sich nur in welcher Ausrichtung, in welchem Sinn und Geist.

> *Wenn wir nun durch Gottes Geist ein neues Leben haben, dann wollen wir auch aus diesem Geist unser Leben führen. Wir wollen nicht mit unseren vermeintlichen Vorzügen voreinander großtun, uns damit gegenseitig herausfordern oder einander beneiden.* (Galater 5,25-26)

Einfach gesagt, geht es darum, das Leben nicht im Vergleich mit anderen zu gestalten. »Viel Not kommt vom Vergleichen«, sagt ein Sprichwort. Wie in jedem Sprichwort steckt auch in diesem eine Wahrheit, die sich oft bestätigt. Ob wir beim Vergleichen voreinander unsere Vorzüge hervorheben oder unseren Minderwert pflegen, spielt dabei keine Rolle. Ob wir einander damit herausfordern, wer denn was besser kann oder besser hat, ob wir beim Vergleichen die anderen beneiden für das, was sie können oder haben, macht keinen Unterschied. Ob wir von oben nach unten schauen oder von unten nach oben, es geht immer noch ums Vergleichen.

Wo Menschen sich miteinander vergleichen, führen sie ihr Leben nicht aus Gottes Geist, sondern aus dem Geist menschlicher Selbstsucht. Wer bin ich im Vergleich mit anderen? Wer bin ich im Vergleich mit anderen nicht? Diese Fragen suchen Antworten darauf, wer man selbst ist. Zu viel sich selbst zu suchen, kann zur Selbstsucht führen. Das Selbst sucht und sucht und sucht bis es in der Selbstsucht landet.

Wer sein Leben aus dem Geist Gottes führt, dient nicht ständig sich selbst. Er oder sie muss sich nicht ständig um sich selbst drehen und mit anderen vergleichen, sondern kann sich Mitmenschen zuwenden. Mitmenschen in unterschiedlichen Herausforderungen machen dadurch heilsame Erfahrungen.

Paulus nennt zwei herausfordernde Situationen, in denen Mitmenschen heilsame Zuwendung sehr schätzen: Wenn sie in Sünde fallen und wenn sie Lasten zu tragen haben. In beiden dieser Lebenssituationen können Menschen sehr gut unterscheiden, ob ihre Mitmenschen ihnen zugewandt sind oder sie nur als Vergleich für ihre Sicht auf sich selbst benützen.

Brüder und Schwestern, auch wenn jemand unter euch in Sünde fällt, müsst ihr zeigen, dass der Geist Gottes euch leitet. Bringt einen solchen Menschen mit Nachsicht wieder auf den rechten Weg. Passt aber auf, dass ihr dabei nicht selbst zu Fall kommt!

Helft einander, eure Lasten zu tragen. So erfüllt ihr das Gesetz, das Christus uns gibt.
(Galater 6,1 und 2)

Die Zuwendung, die aus dem Geist Gottes motiviert wird, zielt immer darauf, dass Mitmenschen getröstet, ermutigt und aufgebaut werden (1. Korinther 14,3) Wie oft müssen Menschen, die sich in ihrer Lebensweise vertan haben, vorwurfsvoll anhören, dass ihr Handeln verkehrt war, sie es selbst verschuldet haben und nun halt die Konsequenzen selbst tragen müssen. Wie soll solches Reden trösten, ermutigen oder aufbauen?

Wie oft müssen Menschen, die Leid erfahren haben und es verarbeiten, hören, dass sie vielleicht doch schuld daran sind, dass es so gekommen ist oder sie zu wenig oder falsch glauben.

Paulus ist da ganz auf der Linie von Jesus. Jesus hat nie Leute in Frage gestellt, die sich vertan haben oder die Leid ertragen müssen. Jesus hat nur Leute in Frage gestellt, die meinten, besser zu sein als andere oder auf der richtigen Seite zu sein. Auch Paulus strahlt diesen Geist Jesu aus, der auch Gottes Geist ist.

Kein Vergleichen also, um sich einzuschätzen, ob man besser oder schlechter dasteht als eine andere Person.

Wer im Vergleichen mit anderen hängen bleibt, ist auf keiner guten Spur. Er oder sie unterliegt einer gravierenden Täuschung.

> *Wer sich dagegen einbildet, besser zu sein als andere, und es doch gar nicht ist, betrügt sich selbst.* (Galater 6,3)

Ist es so schlimm? Betrügt man sich tatsächlich selbst, wenn man sich mit anderen vergleicht und meint besser oder schlechter zu sein? Paulus sieht wieder tiefer als viele beim ersten Hinschauen sehen können. Wer sich durch Vergleichen definiert, steuert in eine falsche Richtung. Wer in seinem Leben immer auf der Spur des Vergleichens fährt, der muss die Richtung wechseln. Ein Spurwechsel reicht nicht aus, denn damit hat man allenfalls das Tempo reduziert oder erhöht. Aber es ist die Richtung, die nicht stimmt. Es braucht nicht bloß einen Spurwechsel. Es braucht einen Richtungswechsel. Bei der nächsten Ausfahrt hinausfahren, das ist angesagt. Dann kann man eine neue Richtung einschlagen. Wie es in diese neue Richtung geht, beschreibt Paulus auch:

> *Jeder und jede von euch soll das eigene Tun überprüfen, ob es vor Gott bestehen kann. Ob sie etwas an sich zu rühmen haben, das lesen sie dann an sich selber ab und nicht an anderen, über die sie sich erheben. Jeder wird genug an dem zu tragen haben, was er selbst vor Gott verantworten muss.* (Galater 6,4–5)

Die Fortschritte bei meinem eigenen Verhalten wahrnehmen, das ist die gute Richtung. Ob es Grund zum Rühmen gibt, zeigt sich so am Vergleich mit sich selbst. Ich weiß, ob ich bei einer Einstellung oder einem Verhalten Fortschritte in eine »Leben bringende« Richtung gemacht habe oder ob ich Leben gefährde, störe oder gar zerstöre. Wer sich mit den Veränderungen bei sich selbst vergleicht, hat genug Anschauungsunterricht. Er kann das Vergleichen mit anderen sein lassen.

Noch ein drittes Thema ist bemerkenswert, das Paulus aufnimmt, wenn es um die Zuwendung zu Mitmenschen geht. Es geht ihm um die Zuwendung zu denen, die uns im christlichen Glauben lehren.

Es geht um die Leute, die uns das Gute in der Guten Nachricht aufzeigen können, die uns helfen, es auch zu erfahren und selber zu leben. Sich ihnen zuzuwenden, heißt für Paulus, dass sie unterstützt werden, damit auch sie genug zum Leben haben.

> *Wer im christlichen Glauben unterwiesen wird, soll dafür seinem Lehrer von allem etwas abgeben, was zum Leben nötig ist.* (Galater 6,6)

Je länger der Brief wird, umso deutlicher wird, um was es nicht geht und um was es wirklich geht.

Es geht nicht einfach um verschiedene Glaubensmöglichkeiten, von denen man diejenige wählen kann, die für einen stimmt oder angenehm ist. Es geht darum, Täuschung und Verwirrung zu durchschauen und nicht davon erfasst zu werden, sodass die Gute Nachricht nicht verloren geht. Es geht darum zu merken, wo Menschen sich etwas vormachen, das leider dem Kern der Guten Nachricht im Weg steht. Auf die Beweggründe kommt es an, aus denen Handlungen und Haltungen folgen. Was sind die wirklichen

Beweggründe für Menschen? Auf welchem Boden stehen sie?

Auf dem Boden der menschlichen Selbstsucht wächst nicht das Gleiche wie auf dem Boden von Gottes Geist. Es geht darum, ob sich Leben ausbreitet oder Tod. Es geht um die grundlegende Verwurzelung, aus der unsere Lebensweise wächst.

> *Macht euch nichts vor! Gott lässt keinen Spott mit sich treiben. Jeder Mensch wird ernten, was er gesät hat. Wer auf den Boden der menschlichen Selbstsucht sät, wird von ihr den Tod ernten. Wer auf den Boden von Gottes Geist sät, wird von ihm unvergängliches Leben ernten.* (Galater 6,7–8)

Was nicht aus Selbstsucht getan wird, sondern aus dem Geist Gottes heraus ,wird seine Frucht bringen, zur rechten Zeit. Da ist sich Paulus gewiss. Darum ermutigt er dazu, mit ihm unermüdlich dranzubleiben und zu tun, was gut und recht ist.

> *Wir wollen nicht müde werden zu tun, was gut und recht ist. Denn wenn die Zeit da ist, werden wir auch die Ernte einbringen; wir dürfen nur nicht aufgeben. Solange wir also noch Zeit haben, wollen wir allen Menschen Gutes tun,*

besonders denen, die mit uns durch den Glauben verbunden sind. *(Galater 6,9-10)*

Paulus begrenzt sich beim »Gutes tun« nicht auf die Leute, die zu seinem engeren Beziehungsnetz zählen oder die ihm sympathisch sind. Er beginnt auch nicht bei ihnen und schaut, ob allenfalls noch Zeit und Kraft bleibt für andere. Er nimmt alle Menschen in den Blick. Allen Menschen Gutes tun, das ist sein Horizont. Und dabei hat er die Menschen, die mit ihm im Glauben verbunden sind, besonders auf dem Herzen.

Zum Schluss seines Briefes, den er einem Schreiber diktiert hat, greift er noch persönlich zur Feder. Er schreibt in großen Buchstaben – wahrscheinlich, weil er aufgrund seines Augenleidens nicht mehr gut sieht. In allem Auf und Ab seiner Empfindungen für die Christen in Galatien ist er nicht müde geworden, seinen Glaubensgeschwistern Gutes zu tun. Nun, in den Worten, die er mit eigener Hand schreibt, will er nochmals deutlich machen, wie sehr ihm seine Glaubensgeschwister am Herzen liegen und was allein zählt.

Ihr seht die großen Buchstaben, mit denen ich euch jetzt eigenhändig schreibe!

Diese Leute drängen euch zur Beschneidung, weil sie damit vor Menschen gut dastehen wollen. Sie tun es nämlich nur, damit sie für ihr Bekenntnis zum gekreuzigten Christus nicht von den Juden verfolgt werden. Sie treten zwar für die Beschneidung ein und sind auch beschnitten, aber nicht einmal sie selbst befolgen das Gesetz in vollem Umfang. Ihr sollt euch nur deshalb beschneiden lassen, damit sie das vorweisen und sich damit rühmen können.

Ich aber will sonst nichts vorweisen als allein das Kreuz unseres Herrn Jesus Christus und mich mit nichts anderem rühmen. Weil er am Kreuz gestorben ist, ist für mich die Welt gekreuzigt und ich bin gekreuzigt für die Welt. Darum hat es keine Bedeutung mehr, beschnitten zu sein, und auch keine, unbeschnitten zu sein. Was allein zählt, ist: durch Christus neu geschaffen sein.

(Galater 6,11–15)

Das allein zählt:
durch Christus neu geschaffen sein!

Am Anfang des Briefes sagte Paulus, dass allein der vertrauende Glauben zählt. Hat er nun im Laufe des Briefes seine Meinung geändert? Dem ist nicht so. Denn allein durch vertrauenden

Glauben wird möglich, worauf es ankommt und was darum für Paulus letztlich zählt:

> ... durch Christus neu geschaffen sein.
> (Galater 6,15)

Das war schon sein Kernpunkt im Konflikt mit Petrus. In jener Auseinandersetzung hat Paulus dies in den Mittelpunkt gestellt:

> Weil ich aber mit Christus am Kreuz gestorben bin, lebe in Wirklichkeit nicht mehr ich, sondern Christus lebt in mir. (Galater 2,20)

In unserem Innersten kann und will der Geist Gottes so wirken, dass Neues wird. Wir müssen nicht von anderen Kräften, Gesetzen und in eigenen menschlichen Bemühungen gefangen bleiben.

Vertrauender Glaube lässt Menschen Gnade erleben und auch Gnade leben. Vertrauender Glaube basiert darauf, dass Christus auf sich genommen hat, was Menschen immer wieder meinen auf sich nehmen oder anderen anlasten zu müssen.

Vertrauender Glaube allein scheint für viele Menschen zu wenig zu sein. Sie meinen, es käme noch auf Zusätzliches an, oder sogar auf etwas anderes als vertrauenden Glauben.

Vertrauender Glaube eröffnet den Weg zu Befreiung und gnädigem Lebensraum, egal in welcher Kultur. Vertrauender Glaube ist kinderleicht, im wörtlichen Sinn: Für Kinder leicht... Nicht immer so leicht für Erwachsene. Am besten, wir schauen diese Haltung bei Kindern ab, lassen sie uns von Kindern immer wieder wecken und stärken. Darauf hat ja Jesus hingewiesen, als er zu Erwachsenen sagte: »Wer sich Gottes neue Welt nicht schenken lässt wie ein Kind, wird niemals hineinkommen.« (Markus 10,15). Man beachte: Beim vertrauenden Glauben lernen nicht Kinder von Erwachsenen, sondern Erwachsene von Kindern!

Vertrauender Glaube traut der Zuwendung, der Treue und der Barmherzigkeit Gottes und macht den Unterschied zu allen anderen religiösen Versuchen. Dies erfahren gerade die Menschen, die sich vertan haben im Leben, sei es durch Sünde oder durch andere Unachtsamkeiten, die Lasten tragen müssen oder die Orientierung suchen in einem gesunden Glauben.

Sich zu rühmen, weil man im Vergleich zu andern besser dasteht, bringt nicht wirklich erfülltes Leben. Erfülltes Leben entsteht, wo wir uns aus Gottes Quelle, seinem Geist, füllen lassen. Dann werden seine Zuwendung und seine Gnade befreite Spuren tätiger Liebe hinterlassen.

Allein vertrauender Glaube, allein Gnade, allein Christus. Das haben auch die Reformatoren in der Reformationszeit neu entdeckt.

Aus diesem Kern wächst, was allein zählt: *durch Christus neu geschaffen sein.*

Wer etwas anderes zusätzlich fordert oder gar in die Mitte stellt, verwirrt Menschen und macht aus der Guten Nachricht eine schlechte Nachricht. Daran hält Paulus durch alle Widerstände hindurch fest. Alle, die mit ihm diesen Grundsatz teilen, liegen ihm darum besonders am Herzen. Ihnen gilt sein Gruß zum Schluss:

Allen bei euch, die sich an diesen Grundsatz halten, schenke Gott seinen Frieden und sein Erbarmen, ihnen und dem ganzen Israel Gottes. Künftig soll mir niemand mehr in dieser Sache das Leben schwer machen! Durch die Narben an meinem Körper bin ich als Eigentum von Jesus ausgewiesen. Die Gnade unseres Herrn Jesus Christus sei mit euch. (Galater 6,16–18)

Paulus hat sich gewundert über die Christen in Galatien. Ja, er war entsetzt, wie unvernünftig sie waren. Er war zeitweise ratlos, wie er sie einsichtig machen könnte. Er blieb aber unermüdlich im Argumentieren mit der Schrift, mit seiner Erfahrung, seiner Vernunft. Er wurde wieder zuversichtlich, dass Christus in ihnen so wirken kann wie in ihm. Zum Schluss wird er gar hoffnungsvoll, dass ihm in dieser Sache niemand mehr das Leben schwer machen würde. Er weiß, dass er Christus gehört. Wie Christus hat auch er Narben durch Menschen, die gegen ihn waren, darunter Menschen, die glaubten, aufgrund ihrer religiösen Überzeugungen Paulus angreifen und verletzen zu müssen. Die äußeren Narben waren sichtbar. Ob er innerlich auch Verletzungen davontrug, bleibt sein Geheimnis. Vielleicht deutet seine Hoffnung, dass ihm niemand mehr das Leben in dieser Sache schwer machen soll, darauf hin.

Menschen, die wirklich der Guten Nachricht auf den Grund gehen wollen, stoßen immer wieder auf den gleichen Grund. Christus befreit, Gnade kann man erleben und leben. Wer mit vertrauendem Glauben auf Christus und auf die Gnade reagiert, dem eröffnet sich neues Leben. Da geschieht das, was allein zählt: Menschen werden durch Christus neu geschaffen. Diese Auswirkung allein zählt. Alles andere darf nicht in die Mitte drängen und Verwirrung stiften.

Es ist lebenswichtig, dass wir in dieser grundlegenden Botschaft verwurzelt sind. Es gibt nur diese eine Gute Nachricht. Darin verwurzelt zu sein, macht es möglich mutig zu glauben, gerade in undurchsichtigen Zeiten.

VIDEOCLIP
zu diesem
Kapitel

Nachwort

Als mein Großvater im hohen Alter in seinem Denken abbaute und spürte, dass er seinen Lebensweg bald abschließen würde, bat er mich zu sich und zeigte mir in seiner Bibel einen Notizzettel, der schon ein paar Jahre darin lag. Darauf stand der Bibelvers aus dem 1. Korintherbrief, Kapitel 15, Vers 10:

Seine Gnade an mir ist nicht vergeblich gewesen.

Mein Großvater gab mir den Zettel und bat mich an seiner Beerdigung über diesen Vers zu predigen. In diesem Satz von Paulus sah er etwas, das auch in seinem Leben das Wesentliche ausdrückte. Gerne habe ich zugesagt. Als er verstorben war, erhielt ich seine Bibel. Beim Durchblättern fand ich noch einen zweiten Notizzettel. Auf dem stand der gleiche Vers. Die Schrift war zittriger als auf dem Zettel, den ich zuvor bekommen hatte. Es war offensichtlich dieser Satz, der meinem Großvater so wichtig wurde, dass er unbedingt sicherstellen wollte, dass dieser Vers in seiner Bibel extra notiert war.

Es gibt unzählige Möglichkeiten die verwandelnde Kraft der Gnade zu entdecken, sei es auf einem Campingplatz, sei es im Gespräch mit einem Großvater, sei es im Galaterbrief oder sonst wo. Auch in der Kirche ist es möglich. Aber leider ist es nicht immer leicht, sie dort zu finden.

Dass der Galaterbrief so viele hundert Jahre Wirkung zeigt, hätte sich Paulus wohl nicht träumen lassen. Gut gibt es diesen Brief. Denn einen Fall für Paulus gibt es immer wieder …

❖ ❖ ❖

VIDEOCLIP
zum
Nachwort

Zu den Videoclips

Durch die Links zu kurzen Videoclips, die jedem Kapitel am Schluss beigefügt sind, bekommt dieses kleine Büchlein eine zusätzliche Dimension.

In den zwei- bis dreiminütigen Videoclips werden mit Hilfe von dynamischen Strichzeichnungen jeweils die wichtigsten Anliegen nochmals bildlich dargestellt. So wird jedes Kapitel nochmals auf besondere Art und Weise zusammengefasst.

Wer die Videoclips *nach* dem Lesen des Kapitels anschaut, dem dienen sie als Rückblick und Zusammenfassung. Sie regen dazu an, dem Thema des Kapitels weiter auf der Spur zu bleiben.

Wer die Videoclips *vor* dem Lesen des Kapitels anschaut, dem dienen sie als Einstieg und machen neugierig, genauer nachzulesen.

Wer *mit anderen zusammen* entdecken will, wie Paulus sich leidenschaftlich für die Gute Nachricht einsetzt, kann die Videoclips auch gut als Einstieg mit einer Gruppe anschauen.

Jeder Videoclip endet mit zwei Fragen, die auf den Kern des Kapitels zielen. Sie regen dazu an, sich mit anderen über eigene Erfahrungen auszutauschen.

Mutig glauben in undurchsichtigen Zeiten wird so nicht nur ein Fall für Paulus bleiben, sondern wird auch ein Fall für Leute von heute. Auf diese Spur führt auch der Link auf der Buchrückseite.

LINK
zum Download
aller Videos (1 GB):

www.edition-wortschatz.de/nussbaumer-download

Zum Autor

Marc Nussbaumer, geb. 1957, absolvierte an der Universität Zürich zunächst ein Studium zum Sekundarlehrer. Nach fünf Jahren beruflicher Tätigkeit führte ihn sein Weg in den pastoralen Dienst: durch theologische Ausbildungen am *Mennonite Bible College* in Winnipeg, Kanada, am Theologischen Seminar der Evangelisch-methodistischen Kirche (EMK) in Reutlingen, Deutschland, und durch ein Praktikum in der *Reba Place Church* in Evanston, Chicago, USA. Seit 1990 ist er Pfarrer der EMK in der Schweiz,

zuerst zehn Jahre in Basel, davon vier Jahre teilzeitlich als Schulungsleiter der EMK Schweiz.

2000/2001 verbrachte er mit seiner Familie ein Sabbat- und Weiterbildungsjahr in der *United Methodist Church* in Arizona, USA, wo er verschiedene Gemeindegründungsprojekte kennenlernte.

Von 2001 bis 2018 war Nussbaumer mit einem Kollegen als Pfarrteam in der Region Lenzburg in der Schweiz tätig. Mit vier kleinen EMK-Gemeinden wurde eine Neuausrichtung gestaltet, die zur 3x3emk-Gemeinde geführt hat (www.3x3emk.ch). Heute ist die 3x3-Gemeinde eine Regio-Gemeinde mit Projekten in verschiedenen Ortschaften. Die vier bisherigen Kapellen wurden verkauft, sodass ein neues Gebäude in Hunzenschwil, Kanton Aargau, erworben und umgebaut werden konnte. Es dient heute als Ausgangspunkt für den Dienst als Gemeinde in der Region und darüber hinaus.

Nach der Ausbildung zum SLI-Coach 2012/2013 wirkte Marc Nussbaumer in vielen verschiedenen Coachingprojekten in der Schweiz und in Deutschland. Er leitet zur Zeit auch SLI Europa (www.spiritual-leadership.org).

Marc Nussbaumer ist seit 40 Jahren mit Annarös verheiratet. Sie haben drei erwachsene Kinder und drei Enkelkinder. Seine Freizeit gestaltet er gerne als Hochsee-Skipper auf Segelyachten, fährt Ski und besucht Freunde und Verwandte, wo immer sie in der Welt leben und wirken, vor allem in Europa, Nordamerika und Afrika.